宥座の器

あやべ市民新聞社

はじめに

――私がグンゼと取り組んだのは学生時代である。以来四十年になろうとしているが、この会社の創業者である波多野鶴吉の評価はゆらいでいない。むしろ輝きを増している。自分の心の中でもそうだし、世間もそうである。ただ残念なのは、この間広く知られることなく、綾部でももはや名前を聞いたことのない人が多いことである。

(中略)

私もこの本でおわりとせず、さらに充実した鶴吉伝を目ざしたい。そして、郷里の子どもたちに、地域を学ぶ手だてとして読んでもらいたいと希望している。

(『宥座の器』――グンゼ創業者　波多野鶴吉の生涯」　著者・四方洋さんによるあとがきから抜粋)

平成二十八年四月、本書の著者・四方洋さんが、八十年の生涯に幕を下ろされました。

四方さんが生涯の研究テーマにされていたのが波多野鶴吉。平成九年に上梓された本書の初版は、四方さんが執筆され、同八年にあやべ市民新聞に連載した「宥座の器」(全五十四回)を骨格とし、その後に読者から寄せられた反響や新事実を踏まえて四百字詰め用紙百枚余りを書き足されたものでした。

初版四千冊はたちまち完売。入手不可能となり十九年を経た今でも、「一冊売ってほしい」「再版の予定は」といった問い合わせは後を絶ちません。

再版の構想が持ち上がったのは二年ほど前。世界遺産に登録された富岡製糸場の取材や児玉和・グンゼ社長へのインタビュー、そして鶴吉の妻・葉那の人物像に迫る新聞連載。次々と湧き上がるアイデアを一つずつ形にし、ようやく出版にこぎつけられたのは、グンゼの創業百二十周年の節目の年でした。

何よりの心残りは、増補版のために精力的に動いていただいた四方さんが、本書の完成を見届けられぬまま旅立たれたこと。

初版のあとがきに記された思いが、本書で形になって喜んでいただいていることを願うとともに、四方さんのこれまでのひとかたならぬご尽力に感謝し、心からご冥福をお祈りします。

なお本編の第一章から第十二章は初版のまま。第十三章以降は新たに書き足したものです。

本文中に登場する年代や人物の年齢・肩書きなどは、執筆当時のまま修正していないことをご了承ください。

平成二十八年九月

あやべ市民新聞社

高崎忍

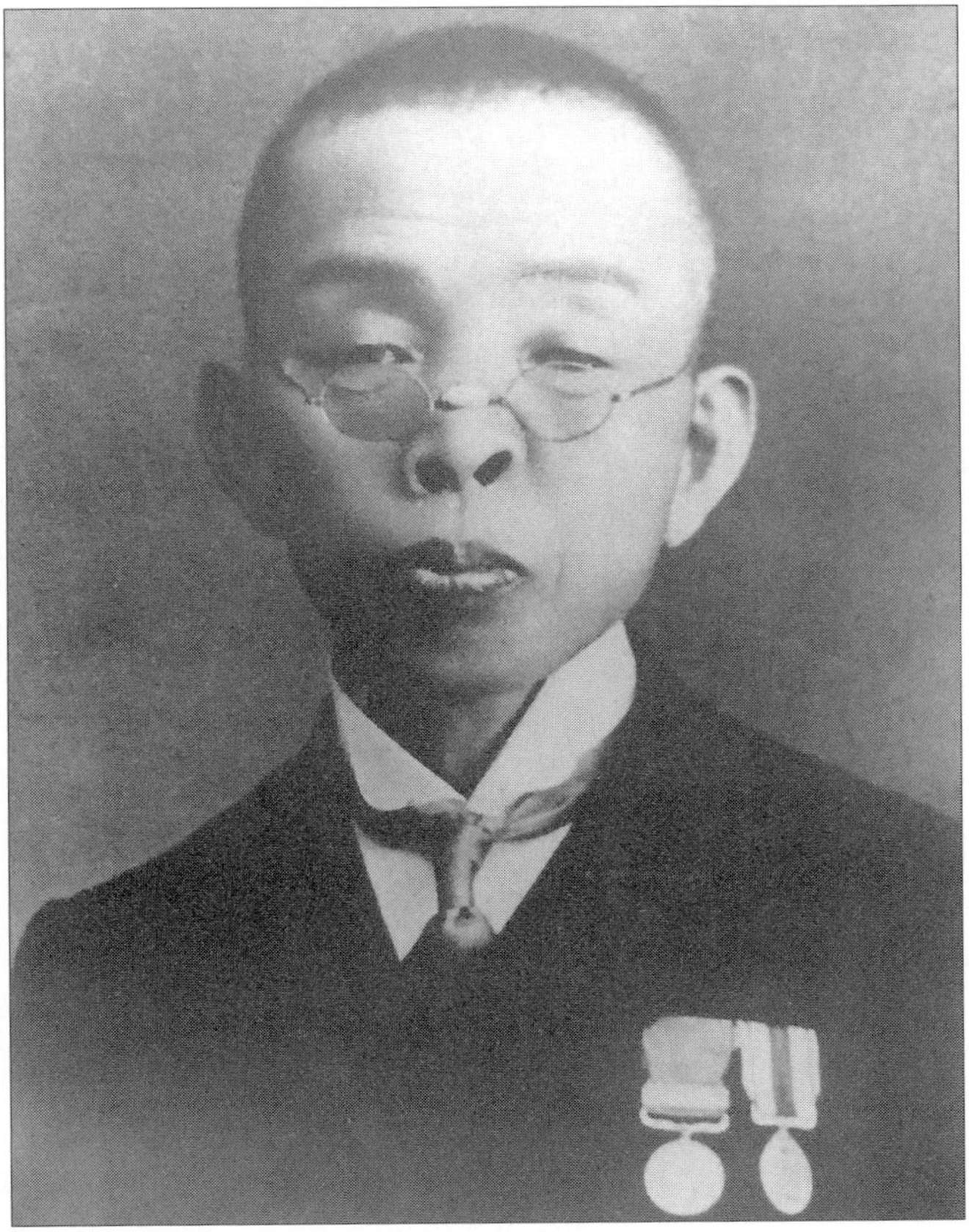

波多野鶴吉

波多野　鶴吉

安政5年（1858）　六代目羽室嘉右衛門の二男として何鹿郡延村（現在の綾部市延町）に生まれる
慶応2年（1866）　波多野家の養子となる
明治8年（1875）　京都に遊学
〃　9年（1876）　花と結婚（18歳）
〃　14年（1881）　京都から帰郷、生家羽室家に戻る
〃　19年（1886）　何鹿郡蚕糸業組合の組合長に就任（28歳）
〃　23年（1890）　キリスト教に入信
〃　29年（1896）　郡是製絲株式会社設立（38歳）
〃　34年（1901）　社長に就任（43歳）
〃　42年（1909）　川合信水を郡是に招く
大正2年（1913）　山内林一を養子にする
〃　6年（1917）　皇后陛下行啓
〃　7年（1918）　脳溢血で急逝（60歳）

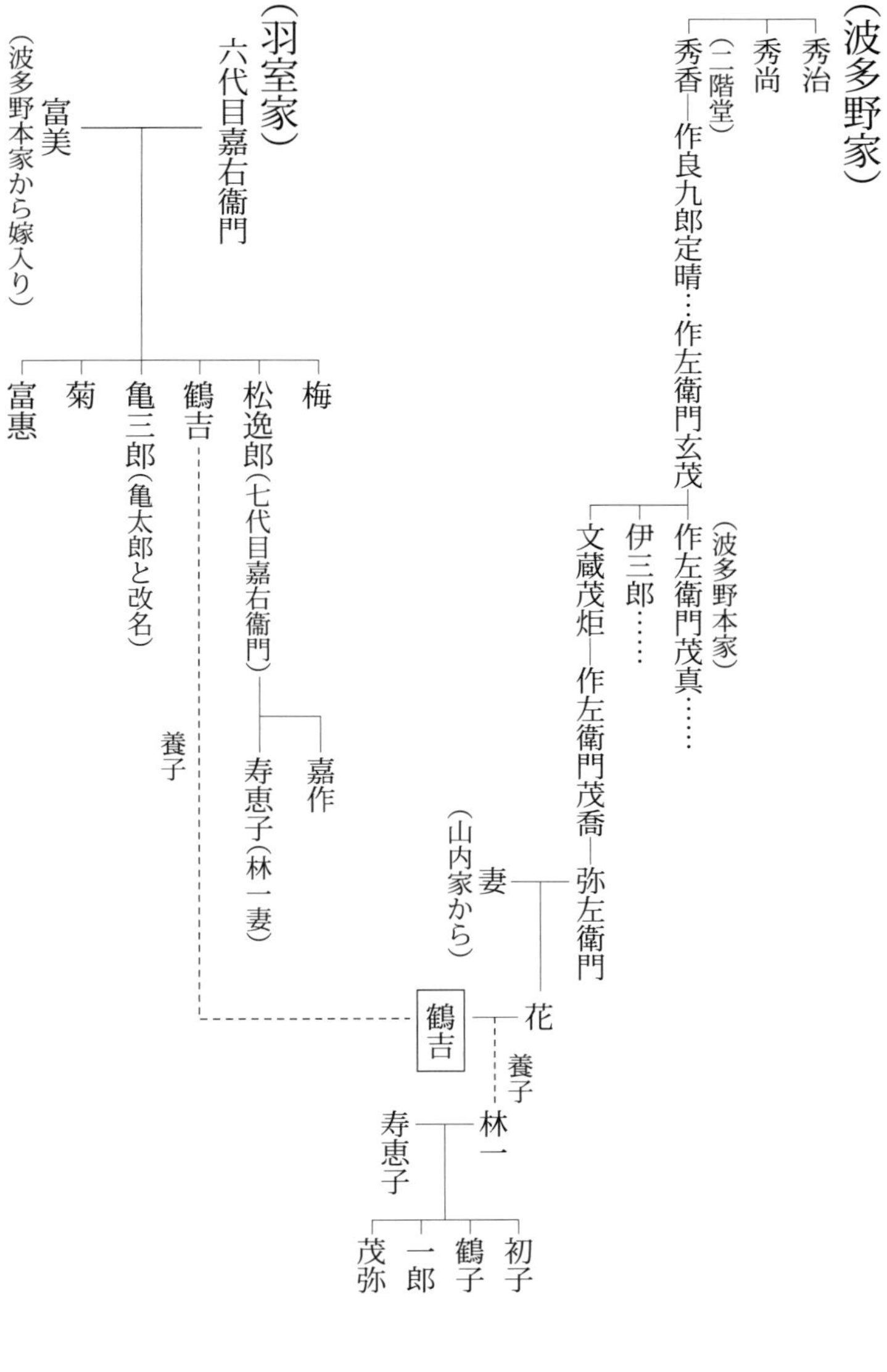
（波多野家）
秀治
秀尚
秀香（二階堂）
作良九郎定晴……作左衛門玄茂
作左衛門茂真……（波多野本家）
伊三郎……
文蔵茂炬
作左衛門茂喬
弥左衛門
妻（山内家から）
花
鶴吉
養子
林一
寿恵子
初子
鶴子
一郎
茂弥
（羽室家）
六代目嘉右衛門
富美（波多野本家から嫁入り）
梅
松逸郎（七代目嘉右衛門）
鶴吉
亀三郎（亀太郎と改名）
菊
富恵
嘉作
寿恵子（林一妻）
養子

日本海
福井県
綾部市
滋賀県
京都府
兵庫県
京都市
大阪湾
大阪府
奈良県

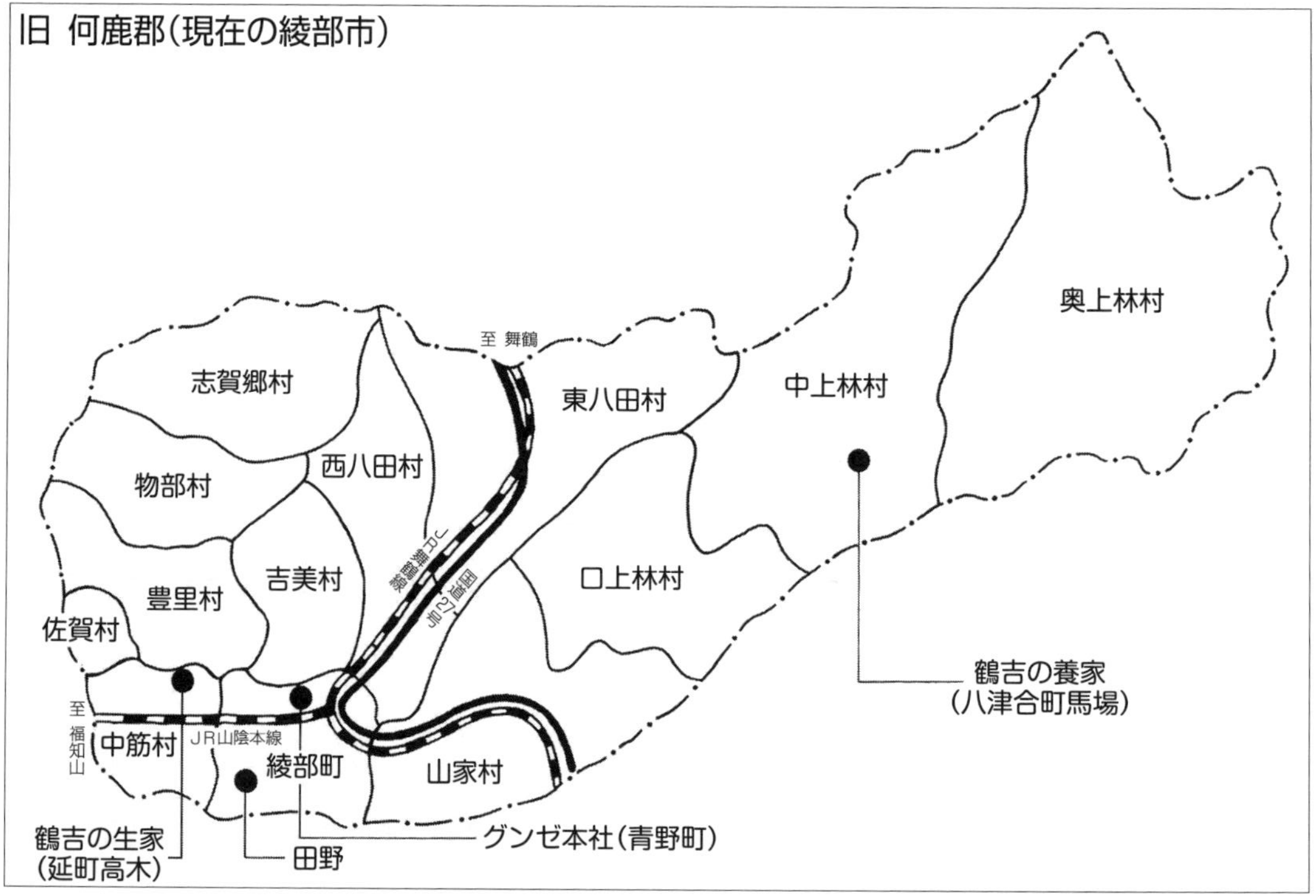
旧 何鹿郡（現在の綾部市）
至 舞鶴
志賀郷村
物部村
西八田村
東八田村
中上林村
奥上林村
豊里村
吉美村
佐賀村
口上林村
JR舞鶴線
国道27号
至 福知山
中筋村
JR山陰本線
綾部町
山家村
鶴吉の養家
（八津合町馬場）
鶴吉の生家
（延町高木）
田野
グンゼ本社（青野町）

目次◆「宥座の器」

第一章　精神の輝き

百年を越えて

平成八年、グンゼが創業して百年を迎えた。明治二十九年に京都府の綾部で生まれた会社が全国に広がり、世界に飛躍して一世紀続いた。草深い綾部の人たちが誇りに思う会社である。

東京で綾部といっても知る人は少ない。地下鉄千代田線の「綾瀬」と間違えられたりする。「ああ、大本教の」という人が、まれにいるくらいだ。

綾部は京都駅からＪＲ山陰本線で一時間ちょっとのところにある。我が学生時代にはほとんどが鈍行で、たっぷり二時間半はかかったものであるが、いまは電化・複線化がすすみ、一時間に一本、特急が走って便利になった。車でも一時間あまり、大阪からも高速道路を使えば同じくらいの時間で到達する。舞鶴市、福知山市などとも隣接しており、松茸、栗、アユなどの名産を自慢している。世界連邦都市を宣言した第一号でもあるが、これもあまり知られていない。人口は減り続けて、四万を切っている。

グンゼ、創業当時は郡是製絲株式会社と称した。波多野鶴吉は二代目社長だが、グンゼは鶴吉を創立者としている。しかし、たとえば松下電器の松下幸之助や自動車のホンダにおける本田宗一郎のような存在ではない。創立者であるが、オーナーではない。鶴吉は支配しようとはしなかった。グンゼという社名もユニークだし、個人の臭いがしない。

波多野鶴吉という名前は、グンゼのかたわらに控えめに立っている気がする。ただ、鶴吉がめざした精神はグンゼのなかに生き続けている。この精神こそ誇っていい。どうしてグンゼ精神が明治の時代に、交通不便な情報の少ない綾部に生まれたのか。これは奇跡としかいいようがない。

この本では、波多野鶴吉の人生を追いつつ、鶴吉のめざした精神を蘇らせたい。この精神は今も価値を持っている。鶴吉という人物は、全国の人に知ってほしい。その値打ちがある。

ほどほどに

この本のタイトルに掲げたのは「宥座の器」。ちょっと難しそうで、とっつきにくい。おじいさんに聞いても「さあ」と首をひねるし、「広辞苑」などの一般辞書にも出てこない。大辞典を片っ端からめくっていたら、漢語の関係書で二、三見つけた。

大修館書店の「大漢語林」では「宥座」は「かたわら、そば、身近、座右」とある。「宥」には「右」の意味があるらしい。「座右の銘」というが、似たようなニュアンスだろうか。「宥座の器」はかたわらに置いて戒めとする道具である。

昭和十五年、鶴吉が亡くなって二十年ほどたって「波多野鶴吉翁伝」が書かれている。著者は郷土史家の村島渚。郡是製絲発行の、いわば公式の伝記と考えていいものである。

村島はこの本の中で、鶴吉のことを翁と呼んだ。四、五十代からすでに翁と称している。平均寿命が五十くらいだった時代だから、おかしくなかったかもしれぬ。今の感覚では七十、八十の人にさえ、翁とはいわないだろう。村島のいい方には尊敬の気持ちがこめられている。完成された人格を持つ人物に対する敬称ととれる。綾部の町で鶴吉は翁であった。だれもがそう呼んで不思議に思わなかった。

この伝記に「宥座の器」が出てくる。株をやっている知人がいた。暴落したときに郡是の株を買い集め、郡是の業績の回復とともに株価はどんどん上がり、大もうけをした。この人はあっけにとられて、鶴吉のところに相談に行った。

鶴吉は「宥座の器」を紙に書き、「この器は平生は傾いておる。水を注いで半ばに達すれば正しく真っ直ぐになる。なお注いでいっぱいにすればひっくり返る。君も自分の財産とのつり合いを考えてほどほどに株を持っとればよい」と言った。

「宥座の器」は孔子の教えにもある。鶴吉は二宮尊徳の言葉から知ったのだろうという。日本もバブルのときに、この言葉を知っておればよかった。分をわきまえ、ムリをしないようにと説いた。この知人は、あとで株が下がったときに鶴吉の言葉の真実を知った。大損をしないですんだのである。

是わが糧なり

綾部市青野町のグンゼ本社前に、改装なった美しい蔵が五棟建っている。「グンゼ博物苑」だ。生糸や靴下、肌着などグンゼが世に送り出してきた製品ができるまでを展示する産業史館である。グンゼの創業百年記念事業の一環として建設され、平成七年オープンした。「蔵のある広場」「桑の苑」と従来からある「グンゼ記念館」の三施設からなっている。新設の「蔵のある広場」には、「絹蔵」「靴下蔵」「莫大小（メリヤス）蔵」「集（つどい）蔵」「商（あきない）蔵」がある。

「絹蔵」「靴下蔵」「莫大小蔵」は二階建ての資料館になっていて、一階に大型機械類、二階にその他の資料を展示し、蚕糸業や靴下、メリヤス製品の歩みと生産技術の変遷を紹介している。「集蔵」は多目的ホールとなっており、展示会などを催せるようになっている。「商蔵」には入場券を販売する事務所があり、将来は記念品などを販売する売店を設置するという。

現在のグンゼ本社前

蔵のある広場、右から莫大小蔵、靴下蔵、絹蔵

「桑の苑」は約七千平方メートルあり、フランスやロシア、ベトナムなど日本を含めた世界十四カ国の桑が約五〇〇種類、一七〇〇本ほど植えられている。

「グンゼ記念館」は毎週金曜日、社外の人にも公開している。

午前十時から午後四時まで、個人でも見ることができる。（※施設の説明は出版当時のまま。）

いまの本社の建物は昭和八年に完成したものである。その隣はさらに古く、大正六年にできた本社だ。同年、貞明皇后を新しい建物でお迎えした。天皇陛下が神と崇められていた時代、会社の感激は想像を超えるものがあった。晴れの日を前にして、社長の鶴吉は緊張の極に達していた。

伝記によると、予行演習をしたあと、鶴吉は一人、社長室にこもって泣いていたという。社員が「どうしたのですか」ときくと「まだまだ不十分だ。あんなところへ（皇后陛下を）ご案内できない」といっていた。もし不手際があれば、腹を切るつもりであった。皇室に対する気持ちは、いまと比べものにならない。国民の一人として敬愛するというより、忠臣・波多野鶴吉であった。

そのときの建物は現在、グンゼ記念館になっている。階段を上がると、木の板がキュッキュッと音を立てる。廊下を歩いても、靴の音が重々しく響く。しかし、びくともしないガッシリした建物である。

二階に鶴吉の資料が並べてある。明治二十九年、創立時に株式募集をしたときの呼びかけ文がある。創立委員長、波多野鶴吉とあり、一株は二十円である。現在の価格にして百万円くらいだろうか。

明治の人はよく日誌をつけている。鶴吉をはじめ、創業時の人たちの日記帳が並んでいる。鶴吉の愛用していた懐中時計には、聖書の言葉が刻んであった。上ぶたに「我を遣（つかわ）しし者の旨に随（したが）ひ 其工（そのわざ）を成（なしおわ）る 是わが糧なり」と読める。神から使命を託されてその命に従い、自らの仕事を見事に成しとげることが自分の糧になるということだろう。鶴吉は熱心なキリスト教徒であった。

芦田均のこと

グンゼ本社から綾部の商店街を抜けて、南ケ丘（綾部市神宮寺町）に向かう。うしろに寺山を背負い、杉の木立をバックにして鶴吉の銅像が建っている。フロックコートを着て、右手に杖（つえ）をついている。銅像ははるかに綾部の町を見下ろし、グンゼ本社を直視しているように見える。

建立したのは昭和三十二年。芸術院会員、吉田三郎の作で、うしろに埋め込まれた撰（せん）は芦田均が文章を考え、波多野林一の筆によっている。撰には「道徳と経済を一致せし

め　大いに郷土の風教を高めた」「その志を継がんとする人あらば　我等の歓びこれに過ぐるものはない」と書かれている。

芦田は天田郡中六人部村（現在の福知山市）の出身。京都二区から代議士に出て、昭和二十三年には総理大臣になっている。三十二年といえば芦田が議員勤続二十五年のお祝いを受けた時期である。二年後死去。波多野林一は鶴吉の養子で、四代目の社長をつとめた。

芦田は、鶴吉のあとを継いだ三代目の社長、遠藤三郎兵衛とおじ、おいの関係だった。その縁からか、芦田は戦争のはじまった昭和十六年から終戦の年の十月までグンゼの取締役をしている。

芦田は演説の名手であった。芦田のライバルだった吉田茂が「自分は座談の名手。芦田君は演説の名手。このふたりが合体すれば稀代のキャラクター」といったほど。（「最後のリベラリスト・芦田均」宮野澄著、文芸春秋刊）

私は小、中学生のころ、芦田の演説をきいた。場所はきまって波多野記念館である。再軍備を大胆にのべたことがあった。昭電事件の疑惑をかけられたときは、会場の外に出てきて青空を指し「澄みきった心境だ。やましいことはない」といい切った。世界情勢から説き起こす名調子は少年の心を熱くさせた。

人の集まる所

波多野記念館は七、八百人ほどが入るホールであった。二階席があり、そこで人が歩くとゴトゴト音がした。昭和二十五年の第一回綾部市長選挙は長岡誠対四方源太郎の対決で、僅(わず)か六十九票差で長岡が勝つというまれに見る激戦だったが、このときの立会演説会では対立する陣営の人たちが、二階でいっせいに動き出し、下駄の音を響かせて演説を妨害した。

波多野記念館は当時の催しの一手引き受けであった。素人のど自慢大会もここで開かれたし、信用組合（綾部信用金庫の前身）が組合員を招いて開く演芸大会もここであった。アチャコやエンタツがやってきて笑わせたし、人気歌手の灰田勝彦も歌った。ただし美空ひばりは「(山陰線は)トンネルが多いのでイヤ」といって断ったときいたが……。

波多野記念館は並松町にあった。記念館の隣には鶴吉に縁の深い城丹実業の校舎があった。記念館のあったところは、現在では熊野新宮神社になっている。熊野新宮神社はもとは熊野神社として本宮山の麓で熊野三山をまつっていたが、寛文十二年（１６７２）に新宮を現在の綾部市民センターの場所に移し、本宮のご神体もあわせてまつったという。熊野新宮神社は城下町の端におかれ、江戸時代には浄光寺、了円寺とともに敵から攻め込まれたときには出城の役割をはたすことになっていた。

大正十一年の第一回行啓記念日には、宮中紅葉山養蚕所にまつられている蚕祖神の分霊を合祀して、盛大な式典を挙行している。当時の蚕糸業組合長だった四方豊蔵ら有志の陳情により実現したもので、これにより熊野新宮神社は養蚕神社として綾部の精神的支柱となった。養蚕業の発展にともない、新たに養蚕神社を建設しようとする動きが起こったが、ついに実現をみず、熊野新宮神社に合祀されたままで現在に至っている。

波多野記念館が建てられたのは大正九年。鶴吉が亡くなって二年ののちである。明治十九年に何鹿郡蚕糸業組合ができると鶴吉は初代組合長に就任した。その後も再選を重ねたが、明治四十三年からは社長としての職務に専念するため、実務は副組合長に任せ報酬は受け取らないことにした。そこで組合では組合長報酬を特別積立金として積み立てておき、いずれ何らかの形で鶴吉の功に報いようと考えていた。

大正五年、鶴吉は組合長に再選されることを固辞し、組合顧問に退いた。特別積立金は千百円になっていたが鶴吉の功に報いるにはあまりに少額であったため、組合では相談を重ね、この積立金をもとに寄付を募り、鶴吉の銅像を建設しようと考えた。組合長の四方豊蔵らは鶴吉を訪ね、この計画を伝えた。鶴吉は「多額の費用を使って銅像を造ることをわたしは好まないから、なにか社会公共のためになる使い道を考えてもらいたい」とこたえた。

その考えに感動した四方らは改めて相談した。当時の綾部には多くの人が集まる施設がなかったので、記念館の建設を考えた。鶴吉もそれならばと賛成し、綾部町長由良源太郎、何鹿郡長藤正路らの賛同も得て、多くの有志の寄付を募り、計画をすすめた。寄付金は順調に集まり、その総額は二万六千三百八十五円十二銭に達し、当初予定工事費の二万五千円を超えた。

幸せな関係

計画開始から四年余りかかって記念館は完成した。鶴吉は完成を見ずに世を去っていたが、「何鹿実業月報」は記念館落成号で、次のように伝えている。「……宏壮たる記念館の規模もなお九牛の一毛に及ばざる偉大なる翁の事業を目の当たりに偲ぶを得、感奮興起する嗚呼何ぞ偉ならずや」。

大正八年には南ケ丘に記念碑が建っており、相ついで鶴吉を追慕するモニュメントが出来た。記念館は老朽化でこわされ、昭和三十八年、その隣接する敷地には綾部市民センターが開館した。さらに里町に京都府中丹文化会館と綾部市中央公民館ができ、大きなイベントはそちらに移っていった。市民センターにはかつて波多野記念室という一室があり、市民が会議や結婚式などに利用していたが、中央公民館完成とともにその中に移転した。現在でも波多野記念室は会議室として市民に利用されている。

波多野記念館の脇に碑があった。記念館のとりこわしとともに移され、いまはグンゼ本社前にある。表題は「波多野先生遺徳碑」。何鹿郡蚕糸業組合解散のときに建立が図られた。碑文を書いたのは清浦奎吾。明治時代から山県有朋の下で活躍し、司法大臣、農商務大臣、内務大臣などを歴任。短期間だが総理もつとめた。閣僚に衆議院議員を一人も入れなかったため、その内閣は超然内閣といわれた。

清浦と鶴吉との関係は農商務大臣のときにできた。清浦は蚕糸同業組合中央会会頭であったから、二人の交友はその後も続いた。清浦は鶴吉を「第一等の人物」と評していた。グンゼ本社から南ケ丘、そして波多野記念館跡から、また本社前に戻ってきた。綾部という町は山に囲まれている。高さ千メートルに満たない丸味を帯びたのが丹波の山の特徴である。由良川が流れて、「綾部川の水のひびきの中にきく人の心の高きしらべを」（吉井勇）の町である。山紫水明という言葉がぴったりする。鶴吉は町にとけこんでいる。会社と創業者が町の風景になっている。ゆかりの場所を歩きながら、綾部の人たちがいかにこの人物を敬愛してきたか、幸せな関係を感じとった。

おかいこさん

グンゼが大きな会社になった今も本社は綾部である。営業の拠点は大阪、東京が中心で、役員陣の多くは大阪に詰めているが、綾部は精神的なよりどころとして存在し続けている。グンゼに入社するとまず綾部に集合する。四月一日の入社式のあと、社員教育がはじまるが、スタートは創業の理念の説明である。

最初の休日、新入社員たちは朝七時に南ケ丘に集まり掃除をする。記念碑に拝礼をして戻ってくる。波多野鶴吉という名前は若い人たちにとって遠い存在になりつつあるが、その精神を忘れてはいない。創業のときの初心をいつまでも受け継ごうという試みは、きちんと実行されている。

社員教育のテキストの一つに使われているのは「妍蟲記（けんちゅうき）」である。これは山岡荘八が書いた小説である。山岡は昭和二十二年に書き上げて出版した。のち「徳川家康」などの大ベストセラーを放つ山岡は、この小説について「明治の草創期をひたむきに生きた一人の事業家のかなしいまでに一筋な生き方のあとを、社会小説として綴（つづ）りあげようとした」と書いている。モデルは鶴吉である。

南ケ丘（綾部市神宮寺町）の銅像の前に集う新入社員

この小説が出たころ、日本は騒然としていた。労働組合の力が最高潮に達し、「米よこせ」のデモや、経営者のつるし上げが各地に見られた。労使の対立が激しくなり、2・1ストの直前などは革命前夜の様相をみせた。こういう時期に山岡は「人の大切さ」をいいたかったようである。

「徳川家康」は経営者の間でブームになり、経営の教科書のような読まれ方をした。「妍蟲記」の中に、人は家康ブームの芽を読みとるかもしれない。ともあれ、戦争直後に波多野鶴吉に注目していた作家がいたことを記憶にとどめたい。

この小説は主人公を堅物の真面目いっぽうの人間に仕立ててはいない。京都で女性に恋をし、夜の女に心を奪われ「鼻を失い、美貌と青春に訣別し……」そこから煩(ぼん)悩を断ち切って故郷に帰り、小学校の教壇に立ち、蚕糸に引きつけられていく姿が描かれている。これはあくまで小説で、つくったシーンもあるし、誇張した会話や行動でつないでいる一面もある。

本社で教育にあたっている教育訓練課長の安達禄良は「創業者のすばらしい所は、百年前に共生という考え方を持っていたことです」という。最近は経団連などでも共生といいはじめた。世界の国々と、地域社会と、そして地球と互いに補い合いながら双方がよくなっていく関係。鶴吉は多くの資本家が、利益にというより収奪に血眼になっているときにすでに共生の概念をつかんでいた。

安達はドラマチックな、この小説からいまの若い人たちが、その精神をつかんでくれたらと願っている。小説は、鶴吉をモデルとした鶴之介がアメリカからやってきたスキンナー商会のスキンナー氏とやりとりするところで終わっている。

「妍」とは磨きがかかった美しさをいう。美しい虫、妍蟲とはお蚕(かいこ)さんと考えていいだろう。鶴吉の夢をつむいだ虫である。

第二章　変動の兆し

信淵と九鬼藩

どうして綾部にグンゼが起こったのか。グンゼができるには、蚕糸業の発達という背景が必要だったし、すそ野に広がる養蚕農家を必要とした。綾部は明治に入って、すでに蚕糸業の存在を見ていた。鎖国がとけて開国が成ると生糸の輸出はブームになった。綾部には生糸輸出の流れに乗ろうとする下地があった。この下地を鶴吉らがまとめ上げて、株式会社にしたのである。

郷土史家の村上佑二の論文に「綾部藩の農村対策と佐藤信淵」がある。村上は市教育長を務めた教育者だったが、綾部市安場町に在住して江戸時代の文献資料を分析した。梅原三郎、木下礼次、礒貝勇らとともに、綾部史談会の有力メンバーであった。昭和五十五年死去。

村上は「蚕都綾部の成立は実に信淵の農政政策に起因している」と書いている。グンゼの元は、佐藤信淵であったと論じている。佐藤信淵は江戸末期の学者である。それも全国区の学者であった。各地から頼まれれば視察に赴き、的確な指導をした。いまでいえば経営コンサルタント。あるいは倒産した会社に乗りこんで再建する管財人といっていいかもしれない。

綾部市田野町出身の泉武夫は大阪茨木東高校教諭のときに「佐藤信淵」（茨木教材社）を出版した。泉は自分の生まれた「田野村史」を編んでいるときに、佐藤信淵の名に出会い、関心を持ったと「あとがき」に記している。全国的に知られた学者が、江戸からこの綾部にやってきたことに驚くとともに、この人が幕末の綾部にいかに大きな影響を与えたかを知ったのである。

そのころ綾部藩の財政はどん底であった。藩主は九鬼隆都（たかひろ）。兄隆度（たかのり）が病身で、その間政治が乱れた。隆都は九代目として兄のあとを継いだが、当初から改革の気持ちでその座についた。農民は貧窮にあえぎ、武士はたるんでいる。隆都は思い切ったことをやる以外に手はなかった。

佐藤信淵（「佐藤信淵」泉武夫著）

手の一つが、日ごろ私淑している信淵の招へいであった。信淵は綾部以外にも津山藩、秋田藩、徳島藩、薩摩藩、久留米藩、宇和島藩、津藩などに足跡を残し、幕府の老中・水野忠邦らの相談にものっている。泉は「一介の民間学者にして、これ程多くの支配者に接した人物も珍しい」と書く。

商品作物をつくれ

信淵は綾部の藩内を歩き、巡察記を残している。克明に農家の様子を調べ、経済状態を把握し、藩主に提言をした。その要点は「米麦作の必要量の限度以外は商品的農作物に転化させ、現金収入をはかることが最良策」というものである。

原文を借りると「抑々（ソモソモ）綾部ハ四辺二海無クシテ山谷ノ間　建テタル国ナルヲ以テ利益ヲ興スベキノ産業甚ダ少ク今ニ方テ境内ヲ富実スベキノ物産ハ木綿ヲ作リ出スベキノ外ハ算ルニ足ルモノ鮮ニ往々ハ次第ニ開発スベシト雖（イエ）ドモ今ハ先ツ第一ニ木綿ヲ豊熟セシムルノ農政ニ従事セズバアルベカラズ」といい、まずは木綿をやれとすすめている。他に土地によっては茶、煙草などをあげている。

しかし、信淵にいわれるまでもなく、米作中心からの転換はすでに行われており、信淵自身の「責難録」中に「綾部領内第一ノ産物ハ原綿ナリ」の記述がある。綿は徐々に拡大し、木綿問屋、仲買人が出現し、若狭方面に売られていた。これが明治になって、桑畑に変わっていく。

徳川幕藩体制では米がすべての基本であった。そのこだわりから解放されることをすすめたのである。つぎの資本主義の時代を予見するアドバイスであった。隆都はこれを素直に受けとめ、推進した。綿作が進みかけていたのをいっきょに藩全体の流れにしたといえよう。

余談だが九鬼のオニは「鬼」と書いた。角がないとした。花嫁姿の角隠しではないが、カドを嫌った。綾部では節分のときに「鬼は内、福は内」と言った。綾部から発生した大本教でも「鬼は内、福は内」という。九鬼との関係は定かでないが、当時の藩内では、九鬼への遠慮というより、敬慕したものと考えられる。

富の平均化

幕末、米作中心から商品作物への切りかえが進んだ。綾部藩の政策はグンゼにつながる背景を持っていたが、同じような政策転換をした藩は、ほかにもあった。信淵は綾部藩だけでなく、全国の藩を歩いて似たようなことをすすめている。

なのに、どうして綾部はグンゼのようなユニークな会社を産み出したのか。ユニークさについては後でくわしく説明する機会があるだろうが、大まかにいうと一つは大資本がなく小さな資本を持ち寄った協同組合の発展した形であったこと。もう一つは労働者を「しぼりとる対象」とは見ず、教育して一人前の社会人にしようと考えたこと、の二つであった。

藩の政策だけからは、ユニークさを生み出した疑問は解けない。私はこの地域の特徴を所得の平準化にみた。昭和三十四年、大学の四年生だった私は卒業論文を書くためにグンゼに通い、関係者を訪ね歩いた。

その結果を「京都府何鹿郡地方における蚕糸業の発展について」と題する四百字五十枚ほどの論文にまとめた。新聞の連載のために大学に問い合わせると、大学では研究室にすべての論文を表装して保存してくれていた。ほぼ四十年ぶりに訪ねると職員が用意して待っていてくれた。ひっそりと音一つしない研究室で、私は卒論と対面し、第一ページからひもといた。

何鹿郡とは、綾部市にまとまる前の呼称である。昭和二十五年の第一次合併前、綾部は綾部町だった。他に中筋村、吉美村、西八田村、東八田村、山家村、豊里村（以久田、小畑）、物部村、佐賀村、上林の三村（口、中、奥）、志賀郷村で一郡を形成していた。

この論文では隣りの但馬地方と比較をしている。但馬には豪農がいたのに、何鹿郡は富が平均していて、大金持ちがいなかった。だから明治の中ごろまでは丹波の製糸業は資本が欠乏しており、零細なのが散在していて但馬には対抗できなかった。

三丹蚕業郷土史（村島渚著、郡是製絲株式会社刊、三丹とは丹波、丹後、但馬をいう。丹波、丹後は京都府、丹波の一部と但馬は兵庫県）は「丹波は富が平均していて但馬の如き富豪がなかった。丹波製糸業は全く資本の欠乏によってその発達を阻まれていた。故に多額の資本を要する器械製糸は容易に起らず偶々起っても汽罐などを備えない、極めて消極的な規模の小さいものであった。汽罐を買えない悩みから思いついたのが烟気取である」と書く。烟気取は丹波独特のもので、五、六釜の下に烟筒を通し、その口で火をおこし、その熱で煮繭する方法。卒業論文では、村島の分析を引用しつつ、古い文書に当たったり、古老の話を採取して裏づけをしている。羽室家とともに製糸場の経営に当たっていた有光社の高倉平兵衛の私的な日記（明治二十年十一月から）も読ませてもらった。藩政改革はあったものの、商品作物で大富豪が出てきたわけではない。悪くいえば変化に乗り遅れ、しかしドラスティックな没落もなく、山合いにひっそりと生きていた地域であった。

但馬では明治七年に橋本製糸場、十年には小倉製糸場が機械を購入し大がかりに生産していたのに、何鹿郡では十年遅れで羽室製糸場が小倉から中古の汽罐（かん）を購入したくらい。やっと機械化したのだが、それほど遅れはひどかった。

協同する土壌

何鹿郡では幕末から明治にかけて階層分化が進まなかった。この時期、日本の歴史では金持ちはますます金持ちになり、貧乏はますます貧乏になるはずだった。こうして大資本を準備できた豪農層が産業に乗り出した。

この構図が何鹿郡にはなく、だから小さな資本をかき集めて会社をつくるほかなかった。みんなが力を合わせて大に対抗したのである。

当時、グンゼ草創期を知っている、綾部市岡町の小雲嘉一郎や同田野町の泉源太郎、同故屋岡町の松井力太郎などが存命であった。この人たちからグンゼができるまでの話をきくことができたが「約六十戸の岡村には製糸場が三つあった。工員には子方の子供もおったが、近所の娘さんが多かった。別に貧農というわけではなく、中農の子供さんだった」「組合員が株主になり、株主の娘が工女になった。株主も、従業員もほとんどは郡内の人間だった。わしらの会社という気持ちが強かった」と話していた。

明治五年、何鹿郡位田村の二百二十一戸のうち、小作は十五戸、六・八％にすぎない。小さいながら自立した農家が多かった。「明治十年ごろ、約四分の一が商業を営んでいたこの村においても、階層分化の緩慢さをうかがうことができる。全般的には非常に零細であるけれども、ともかく土地を所有し、耕作する自小作、自作戸が広汎に存在していたといえるのではないか」(卒業論文から)。

位田村での土地所有の最高は四町五畝二十三歩、ついで三町六反四畝十三歩。高々この程度で、東北あたりと比較すると足元にも及ばないし、近畿地方でも小じんまりしていた。位田村は郡内でも階層分化の進む条件を備えていた。位田村の状況は他に当てはめてもムリはないと論じている。協同する土壌があり、協同しないと生きていけなかった。

いっぽう蚕糸業は中小農が広汎に存在するところに成立した。「大農の多き地方或は又此反対に過少農の多い地方にも斯業は発達し難い」(経済界全集四十二巻「養蚕経済」早川直瀬)、大農が当るには純益が少なく、事業が繁雑、過少農がやろうとしても資本がなく、居室がせまい、ちょうど中小農がやるのに手ごろで、働き手も豊富であるという。

学生のつたない論文であった。分析も未熟であり、学者の目には独断と映ったかもしれない。しかし主任教授赤松俊秀の面接では、その発想に評価を与えられた。歴史学では唯物史観全盛であり、製糸や紡績は資本主義の権化のような言いかたをされていた。なのに様子の違う会社があったことを、おそらく初めて教授の前に提示したので、新鮮だったのではないかと思う。教授は中世史が専門であったが、イデオロギーにとらわれず、努めて実証的であろうとする人だった。

新時代の子

鶴吉は安政五年二月十三日夜、羽室家の二男として生まれた。父、嘉右衛門三十一歳。母、富美二十四歳のときの子供である。幼名は鶴二郎。羽室家はかつての何鹿郡延村（現在の綾部市延町）の大庄屋であった。その名望ぶりはあとに譲るとして、鶴吉が生を受けた安政五年とはどんな年であっただろうか。

西暦でいうと一八五八年。明治維新が成り、新政府が成立する十年前。まさに時代の鼓動が音を立てはじめたときであった。

江戸では大老、井伊直弼の権勢が強かった。外国からの圧力が加わり、幕府は右に左にゆれる。日米修好通商条約締結をめぐって、幕府と朝廷の対立が表面化するが、この六月、神奈川でやっと調印にこぎつける。長い間、鎖国の中に眠っていた日本が開国のうねりを受け、混乱のうちに開国にカーブを切った年といってもいい。

つぎの年、吉田松陰刑死。世にいう安政の大獄。そのつぎの年、桜田門外の変が起こり、井伊大老は殺される。NHKの大河ドラマ「花の生涯」でおなじみの時代である。鶴吉が生まれて二年。はじめて幕府の使節が海を渡り、米国に上陸した。亡くなった司馬遼太郎がNHKスペシャルで「太郎の国の物語」を放送。明治国家への熱い思いを語ったことがある。

明治を彩った人たちの折り目正しさを説き、この国家の健康な若々しさを視聴者に話しかけた。いまNHKブックス「明治という国家（上・下）」で出版されているが、第一章が「ブロードウェイの行進」。三人の使節とその従者たち。日本のサムライがいかにアメリカの人たちによい印象を与えたか。

「だれもが、この日本使節に感心した。頭の内容でなく、その挙措動作。品のよさと、毅然とした姿にです。首都やニューヨークに出現した、この未知の民族について、異文化とはいえ、大変上質なものを感じたのです」。司馬の文章をさらに引用をするのは控えたいと思うが、下巻のトップ第七章が「自助論の世界」で同志社を創立した新島襄をとり上げているのも、改めて読みながら鶴吉とその時代にだぶってしかたがない。

鶴吉が生まれたころ、綾部では先にふれたように藩は藩政建て直しの最中で、佐藤信淵の策を入れて、米作から商品作物への転換を進めていた。開国は生糸の輸出を促進し、この綾部にもブームのようなものが及んでくる。

しかし、激変の中で穏やかに動いていったのがこの地方であった。明治元年、薩長の藩士を率いて西園寺公望の一行が丹波に軍を進め鎮撫（ちんぶ）に当たったが、綾部藩は「鎮撫使の京都出発とともに帰順と決定し、何等事なきを得た」（「綾部町史」）とある。

当時、佐幕と討幕の対立抗争をみた藩もあったし、時代を見きわめることができず官軍に抵抗する藩もあったが、綾部藩は幕府の命に従いつつ、形勢が判然とすると薩長側に従うという山国の小藩としては最高の判断を下した。鶴吉の生活も八歳まで穏やかであった。

【注】鶴吉の誕生は「綾部町史」年表では四月になっている。ここでは実父の手記どおり二月とした。

第三章　養家の残影

八歳で養子に

鶴吉は八歳のときに、羽室家から波多野家へ養子にやられる。慶応二年、明治の年号に変わる二年前。当時の家制度では、長男が後継で、二男以下は他家へ出されることが多かった。何鹿郡で抜きん出た大庄屋の羽室家とつり合う家は、近所になかったが、二、三男になるとまだ幼いころに養子先を見つけ、安売りしてさっさと出すのが必要なことだった。

羽室家の場合、長男の松逸郎が名跡を継ぐものとして育てられた。この長男はおとなしく、おっとりしていたようである。対して鶴吉（幼名・鶴二郎）はきかん坊。負けず嫌いだったらしい。

波多野家は中上林にあった。戦国時代から続く家柄で、鶴吉の母、富美は波多野家の出である。家柄では羽室家にも劣らないが、鶴吉が入ったのはその分家であり、主人が死んで女世帯のひっそりした家であった。

鶴吉の少年時代、ほとんどエピソードらしいものが伝わっていない。養子にやられた時期、世の中は大変動を起こしていた。京都では鳥羽・伏見の戦いがあった。馬に乗った武士が家の近くを走り去ることもあったらしい。「ええじゃないか」の騒動も、この地で記録されている。人々は浮かれたように「ええじゃないか」と叫びながら伊勢神宮のお札を求め、集団で参拝に向かったと伝えられている。

人々の動きが活発になった時代である。鶴吉も時代のにおいをかいだ。竹の棒をかついで、早かごの真似をし「ホイ、ホイ、ホイ」といいながら走りまわる。こんな遊びをしたことがあるだろうし、負傷した兵が手当てされるのをわき目もふらず凝視していたかもしれない。とにかく元気だったようだから、面白そうなところには顔を出していたことだろう。

このころの鶴吉について、伝わっているエピソードは、養子先に出かけるときの話である。当然ながら、鶴吉は父母、兄弟と離れるのを嫌がった。まだ八歳である。行ったこともない上林は、延からみれば遙（はるか）に遠い世界であった。しかも、女性ばかりの家に行ったきりになるなんて、想像もできなかったにちがいない。

やっと機嫌が直ったのは馬を見たからである。「この馬に乗せてやる」といわれて、ニコッとした。馬にゆられて上林へ、その魅力にころっと態度を変えて、行くことをOKしたのである。鶴吉は馬上で、短い刀をさしていたという。

もう一つ伝わっている事例として、鶴吉の葬儀のさい、男爵九鬼隆一が弔辞のなかで述べた思い出がある。鶴吉が四歳のころ、隆一は羽室家に泊まったことがある。三田の九鬼家から綾部の家老の家に養子にきた隆一は馬に乗って訪れた。羽室家を去る隆一。同じ年ごろの少年がさっそうと馬に乗っているのを見送りながら、羨（うらや）ましくてしかたがなかったらしい。

後年、鶴吉はそのときの気持ちをよく語った。「翁は四歳だったのに、記憶力のよいのに驚いた」と隆一は弔辞で述べている。乗り物が好きなのは少年の常である。鶴吉は他の子にくらべて、好奇心が強かった。馬に憧（あこが）れた少年を中上林で迎えた波多野家の一人娘、花は六歳だった。

福徳の大庄屋

鶴吉が生まれた羽室家は、「延の嘉右衞門さんないものないが　金の茶釜がない不思議」とうたわれたほどのお金持ちであった。屋敷のあった延から、福知山の石原（いさ）まで他人の土地を踏まずに歩けるといわれたほどで、鶴吉が生まれた江戸末期は絶頂期だったといっていい。

羽室家は京都の公家であった葉室氏が、皇室が衰微した時代に帰農したのが最初だと伝えられている。しかし、羽室家に伝わる幕末の記録によると、丹波国瀧郡川成長者の一族の者が豊臣秀吉に仕え、秀吉のもとから去ったのち嵯峨に引っ込んで、浅見、大井、羽室、佐々良を派生し、その中で綾部に移住したのが羽室家の元祖、釈久善であるとの記述がある。（「波多野鶴吉翁伝」）

羽室家の三代目教専（兵太夫）は長男に本家を継がせ、二男久専（重右エ門）は綾部に、三男教圓（嘉右衛門）は延に分家させた。三男教圓家は代々嘉右衛門を名乗り、その六代目嘉右衛門の二男として生まれたのが鶴吉である。

初代嘉右衛門が本家から分家したとき、「米麦大豆小豆田畑二十札、都合にて銀高二十貫匁」の財産を譲り受けたという。これは米四百石ほどではなかったかと思われる。幕末の資料によると、綾部藩士で五百石の知行を与えられていたものが一名、二百石の者が三名であった。四百石というと藩の重職の知行に匹敵するわけだが、なにせ二万石ほどの小藩のことでもあり、大財産といえるほどのものではなかった。しかし、延羽室家はこの財産をもとに巨万の富を築いた。鶴吉の父である六代目嘉右衛門の手記によると、殿様からたびたびお金の無心があり、藩への貸付額は先代以来の分をあわせて一千三百二十五両にも及んでいたという。

六代目はこの借金を帳消しにしたうえ、これとは別に四百両を献上したため、苗字帯刀上下着用を許されたと記している。明治になっても延羽室家の勢いは衰えず、明治二十年の納税者番付では、京都府で十一位、綾部・福知山あたりでは一位の大富豪であった。

延羽室家の基礎を築いたのは、羽室家中興の祖といわれる四代目嘉右衞門であった。福徳円満の人で、信仰も篤く、羽室家の菩提寺でもある焼失した浄光寺の再建に私財を傾け、寝食を忘れて工事を督励したと伝えられている。

激変の羽室本家

綾部市史を編んだ木下礼次（綾部史談会会長）は、江戸時代における羽室家など大地主の役割について次のように規定している。「大地主はそれぞれ各所領の大庄屋として、各領政を具体的に実施する立場となるのである」（『綾部市史・上』）。藩主の意を受けて、殖産事業などを進めたようで、藩政にも深くかかわっていた。五代目嘉右衛門は佐藤信淵が藩主の招きで来綾すると、信淵を崇敬して、彼の主唱する綿作の奨励や泉源法と称する貯蓄法の実施に尽力した。

鶴吉の父、六代目嘉右衛門は分家の二男として生まれ、延の本家を継ぐ。分家から本家に養子に入った人である。母の富美は波多野本家から嫁にきた。八歳になって鶴吉が波多野の分家に養子に行くのだから、この関係はややこしい。

綾部には四方、大槻、梅原、塩見などの姓が多い。羽室ほどの古い家なら同じように羽室姓が多くあってもいいはずだが、それほどではない。その理由は財産の分散を嫌って分家を許さず、二男以下は養子にやっていたことによるという。

六代目嘉右衛門も早くから長男を相続人ときめ、二、三男は物心つかないうちに養子に出した。鶴吉の兄、松逸郎が七代目を継いだのは明治九年である。鶴吉より二年上だったから、二十代をちょっと出たところであった。六代目は眼病のせいもあったが、淡々と隠居生活に入り、趣味の日々を楽しんでいた。

羽室ときけば綾部の人たちは前の市長の羽室清、いまのグンゼ会長、羽室幸明を思い浮かべるだろう。この二人は六代目が生まれた分家の流れである。六代目嘉右衛門の兄につな

母、富美、父、六代目羽室嘉右衛門（「波多野鶴吉翁伝」）

がっていく。

隆盛をきわめた羽室家も、明治三十四年の金融恐慌で破産してしまう。綾部の素封家たちがつくった綾部銀行、明瞭銀行が相ついで倒れ、かつての豪商、大地主たちはすってんてんになる。いまのバブル崩壊以上の大激変であった。鶴吉はすでに郡是を興し、社長に兄をいただいていたが、これをきっかけに自らが名実ともにトップにつく。七代目は朝鮮に去ったといわれている。そこから羽室本家は綾部の歴史から消える。

武将を祖として

綾部市延町の羽室本家があったあたりから、同八津合町馬場の波多野家のあったあたりへ。晴れた日曜日、車を飛ばした。渋滞もなく、三十分ほどで行ける距離である。

八歳の鶴吉が、馬に乗せられて羽室から波多野へ養子として入った道は、完全に舗装されて、まぶしいばかりであった。当時は恐らく一日がかりであっただろう。林に囲まれて昼なお暗い道だっただろう。

鶴吉が養子に入ったのは分家ではあったが、波多野家は戦国時代に丹波一の武将であった波多野秀治の流れをくむ名家である。波多野氏は藤原秀郷の後裔で、秀郷の七世の孫の経秀が源頼義に従って陸奥で戦って功があり、相模国波多野本庄に居住したので波多野を称したのがはじまりだという。ただし、その客観的根拠は乏しく、因幡国八上郡田公氏の一族が後当郡宗我部荘畑村に居住しており、よって畑氏とも秦氏とも称し、ここから波多野を称するようになったとの説もある。

波多野氏は伯耆・因幡・美作に勢力を張っていたが、後に丹波に移り、八上城を根拠として秀治の時代に最も隆盛を極めた。天正三年、織田信長の命を受けた明智光秀らの丹波攻略に対し、秀治は弟秀尚と力を合わせて一族郎党をよくまとめ、これを撃退した。天正七年に秀治、秀尚兄弟は降伏すると偽り、信長を暗殺することをたくらんだが、家臣に密告され失敗に終わる。これに怒った信長は「秀治、秀尚の首をとれ」と再び波多野征伐を命じた。信長軍は三方から丹波侵攻を開始した。東から明智光秀、西から羽柴秀長、南からは丹羽長秀の大軍が襲いかかった。さすがの波多野軍も抵抗しきれず、八上城に押し込められ包囲された。一年三カ月の包囲の後、明智光秀の策略で秀治、秀尚兄弟は捕えられる。秀治は信長のもとに送られる途中で死亡し、秀尚も降伏を潔しとせず自害した。

秀治、秀尚兄弟の悲報を知った八上城の将士は秀治の弟、二階堂秀香に率いられ城を出て奮戦したが全滅した。このとき秀香の三男は乳母に抱えられて脱出し、成人して波多野作良九郎定晴と名乗る。定晴が丹波国多紀郡を治めていた藤懸氏に拾われ、藤懸氏の上林入部とともに上林に移ったのが上林・波多野家のはじまりである。秀香は波多野一族の中でも豪勇をもって知られ、波多野家の名将籾井越中守は秀治の弟秀尚を諌めて、「大将たるもの陣頭に立って自ら刀をふるってこそ勝利を得られるというものです。秀香公の短慮は時に害がありますが、その武勇は大将として大いにほめられるべき点があります」と言ったといわれている。

鶴さん屋敷

上林の波多野家は藤懸氏によって保護された。苗字帯刀を許され、大地主で酒屋を営んでいた。江戸時代は藤懸氏をはじめ山家の谷氏、舞鶴の牧野氏、園部の小出氏などの大名の御用金方をつとめ、地方金融の総元締めで

「鶴さん屋敷」跡の畑

あったという。栄華を極めた波多野家であったが、徳川の時代が終わりを迎えるとともに急激に家運が傾き、鶴吉が養子に入った頃はすでに衰えていた。

養子先の家は、いまはあとかたもない。単なる畑である。隣にはわらぶきの、小ぶりの家が建っているが、近在でも珍しい風景だ。屋根にはこけが生えている。近くに戦国時代のとりでの門かと思うような建物があった。江戸期、上林を領していた藤懸氏の家老、石井氏の門である。門をくぐると民家があって、標札をみると石井姓であった。

波多野鶴吉夫妻の墓

あぜ道を歩き登ったところに「藤懸山　永勝寺趾」の碑がある。「古和田周平建立」とあり、地元の出身で群馬県で事業を成功させた古和田が建てたもの。永勝寺は藤懸氏の菩提寺だったが、昭和四十三年廃寺となり、上林禅寺に統合された。

そこから石段を四十九段登る。石段が切れたところに波多野家のお墓が並んでいる。大小五、六十といった数だろうか。本家、分家のご先祖が仲よく眠っている。中央にやや真新しい墓石があって「正六位　波多野鶴吉　波多野葉那墓」と刻んである。鶴吉夫妻の墓である。

夫妻はキリスト教を信仰していた。仏教のお寺の墓とどうつながるのか。これも日本式かと思ったが、他の墓には院号が刻まれているのに対して、夫妻のそれは俗名のままである。先祖と自らの信仰との折り合いがこのスタイルだったのだろう。

石段は、近くで開業していた医師、木戸憲三郎が「翁への敬慕の念」から寄進したという。墓からさらに登ると藤懸氏の城跡である。墓から下を見ると波多野本家の屋根が見える。鶴吉の入った分家は、いまや畑でしかないが本家は残っていて、木々の間にがっしりした構えをうかがわせる。

城跡のふもとのあたりは八津合町城下である。そこに住む福井小春は、波多野家の子方にあたる家に生まれ、戦前の郡是（昭和十三年〜二十年）に勤務したことがある。上林川にかかる大手橋を渡ると、上林工場があり、そこに通った。

福井は毎月二十三日、鶴吉の命日には社員が二人のお墓に参ったと言う。上林工場はすでにとりこわされているが、福井にとっては郡是での日々が、いまも精神の柱となっている。

「戦時中、一生懸命働きながら聖書と讃美歌の本を手に学び、郡是精神をたたきこまれたものでした」と新聞連載中に寄せてくれた手紙に書いてあった。

八津合町のほとんどの娘さんは郡是に働きに出たものである。この地では鶴吉の養家の跡を「鶴さん屋敷」とよんでいた。今は当時を伝えるなにものもなく、畑の一角にすぎないのに。鶴吉は養祖母と養母と二歳下の花としばらく四人で暮らしていた。

第四章　時代を吸う

十七歳で家出

延の羽室家から、中上林の波多野家へきた鶴吉の日々は、決して明るいものではなかった。四十代の養祖母と、三十になるかならずの養母と、二歳年下の娘、花。三人の女性に囲まれた生活は、八歳のやんちゃ坊主にとって苦手だったにちがいない。しかも、養祖母、養母は病弱ときている。鶴吉は延の方を眺めながら「父上、母上」と叫びたい気持ちだったことだろう。

たまらず延の家に帰ったことがある。五里の道をひたすら歩いた。子供の足では六、七時間もかかったことだろう。延の実家にたどりついたとき、父、嘉右衞門の態度はきびしかった。母にとりすがって「上林へは帰らぬ」と泣きじゃくったが、父は裸にして外へ放り出したという。

鶴吉は養家になじむことはなかった。華やかな羽室家の空気に比べ、穏やかで、平和な時間。自然はたっぷりとあって動植物は相手になるものの、同じ年齢の同じような性格の仲間を求めるのは困難であった。三十戸ほどが点在していたが、耳目を集めるニュースも少なかった。

そんな中で明治二年に養母が、明治五年には養祖母が亡くなる。十五歳の鶴吉と十三歳の花が残った。もし人間に血気というものがあれば、この状況をどう受けとめるだろう。たとえ家という観念の強い時代だったとしても、なんとかして脱出することを考える。鶴吉が養家を出て、京都を目ざしたのは当然の帰結であった。

鶴吉の家には延から羽室家の分家、作兵衛夫婦がきていた。二人の後見役であったが、鶴吉はどう説得したのか、あるいは無断だったのか、十七歳のときに家を出た。京都に向かったのである。時に明治八年。明治新政府は廃藩置県を成功させ、新しい学校制度もスタートさせた。文明開化の風は、京都までは届いていた。

しかし、鶴吉は八歳から十七歳までの間をまったく無為に過ごしていたわけではない。一時期、羽室家に戻って栗村の廣胖堂に学んだ。ここは綾部藩が設けた学校の一つ。全寮制で共同で炊事をした。鶴吉は「自分は栗村の学校で飯炊きをやっていたから、いまでもうまいよ」と後年、花に自慢していたというが、在学したのは短期間らしい。

上林では藤懸氏の家老、石井半蔵について漢籍を学んだ。「鶴さん屋敷」の中で記したように石井氏は、いまも八津合町城下にがっしりした門構えが残っており、子孫が住んでいるが、当時の石井先生の評価では「この子、凡庸ならず」だったという。

他に元会津藩士の古川守衛からも学んだ。古川は江戸の旗本であった藤懸氏が明治維新後に江戸からつれてきた人。鶴吉がなにを学んだかは定かでないが、当時の常として論語、大学などを読んだことだろう。漢学の素養を積んだものと思われる。漢から洋へ、鶴吉が京都で学ぼうとしたものは、新しい学問であった。時代の先端にふれたいとの思いが強かったにちがいない。

悪評のなか

上林の波多野家を出て京都に向かい、京都の市内に住んだ。その間、戻ってきて花と結婚式をあげたり、さらには後見人の作兵衛の死などがあったが、帰るたびに波多野の財産をカネに換えたらしい。京都での生活はほぼ七年間、養家の財産を使い果たしただけでなく、千円の借金が残ったという。

鶴吉が京都でなにをしていたのか。新婚の妻を一人ぽっちにして都会に出た。財産はつぎからつぎへと処分して使った。病気になって鼻の欠けた姿で戻ってきた。これだけの材料が

青年時代の波多野鶴吉
（「波多野鶴吉翁伝」）

そろっていたのだから近所で評判のいいはずがない。「京都で身を持ちくずしたにちがいない」という悪評がたったとしても、抗弁はできなかっただろう。鶴吉自身、京都での生活を吹聴したりしなかった。自らを語らなかった故に、悪いうわさが自在に駆けたという仕儀にあいなった。

山岡荘八著「妍蟲記」では、鶴吉が京都へ出発したあとを村人たちが追いかけ、やっととっつかまえて荷物の中身を調べようとするシーンがある。追っ手は作兵衛叔父と近所の世話人二人の三人だった。

――鶴吉（小説中では鶴之介）は人のいい作兵衛叔父を外に連れ出し、鞄を渡して地べたに座った。

「金だけは返します。身柄は見逃してやってください！約束があるのです。仕掛けた勉強があるのです！」

その真剣さに叔父も世話人も欺かれた。かれらは道端に捨てていったと、金の入った鞄だけを持って村に帰る気になった。

「では身体をな、身持ちもつつしめよ」

「はい。はい。きっと、叔父さんの言葉は守ります」（小説から引用）

そして鶴吉は再び折柄の薄暮の中へ姿を消していったのだが、叔父に渡した鞄は空であった。いや、空ではなくて、走りながら詰め替えた紙に包んだ藁くずだった。

こうしてうまくごまかして、鶴吉は京都へひた走るということになっている。小説だから真偽のほどはわからない。ともかく後に聖人のごとくいわれた鶴吉も、周りの言うことに耳を貸さなかった時期があった。それは否定しようがない。

小説といえば「妍蟲記」より前に「一絲紊（みだ）れず」が出ている。サブタイトルは「蠶絲界の先覺波多野鶴吉」である。著者は和田傳（つとう）で、出版社は農業之日本社。初版は昭和十九年一月付である。太平洋戦争のさなか、日本の敗色が濃くなった時期である。

一億火の玉、老いも若きも総動員で読書にふける余裕などなかった時期だし、軍部の検閲がきびしかった。それを通過したのだからこの小説は、戦時体制に合っていたのだろう。主人公は鶴吉が実名で登場する。小説とはいえ史実に近いと考えてよい。今ならノンフィクション・ノベルとでも呼ぶのだろうか。

和田は明治三十三年の生まれ。昭和六十年まで生きた。鶴吉とは四十歳以上の年齢差があるが、農民作家として有名であった。代表作には「門と倉」「沃土」などがあり、戦後は農民文学運動の中心メンバーであった。

和田がなぜ鶴吉やグンゼに興味を持ったのか、執筆されたのが戦時中だけに、はっきりした意図がくみとれない。戦後の混乱期にとり上げた山岡荘八とちがって、日本の健全な農村、産業の姿を描き、日本人に勇気を与えたかったのかもしれない。

この小説は鶴吉が京都から延の実家に戻り、算数の先生をしているところからはじまっているが、回想場面で京都に出発するくだりも出てくる。「明治八年、鶴吉は青雲の志やみがたく、上林の養家を去って一人京都へ旅立った」。「京都中学や大阪の中島利吉、山田信夫らについて数学を研修した。それこそ火の出るやうな刻苦であったが……」「鶴吉の留守のあひだに、養家はしだいに、剥がれるやうにほそり、言ってしまへばだんだんと零落して行ったのである」（引用は、ほぼ原文のまま）

啓蒙方程式

十七歳の鶴吉は、青雲の志を抱いて山道を駆けた。上林の養家をあとにした理由はもっと勉強がしたかったからである。まして日本に新しい時代がきたのだ。いい加減な気持ちで出たのではない。「学ならずんば、死すとも帰らず」の思いであった。

明治八年から明治十四年まで、この間、日本の新体制はまだ安定せず、西郷隆盛を押し立てた西南戦争などが起こっている。士族の不満が充満し、近代化を進めようとする明治政府とのせめぎあいが各地で暴動や決起集会をひん発させた。

鶴吉が京都で学んだのは数学である。明治十二年には当時の京都府知事あてに「数理探究義塾」の開業願いを出している。その中に履歴を書き記しているが、「明治八年一月ヨリ同年六月マデ京都中学ニテ数学受業」（原文のまま）とある。

そのあと大阪に出て、山口県出身の元藩士、山田信夫らにつき、やはり数学を学んでいる。学校から個人の塾に切りかえたらしい。明治九年九月には再び京都中学に戻り、年末まで授業を受けている。

京都中学というのは太政官の命により、府学として創設されたものである。明治三年から、明治十二年の新学制の施行まで存続した。

教えたのは国学、漢学、欧学（ドイツ、イギリス）の三局で、明治六年からは旧京都守護職邸内に和漢学と数学の二局を設けた。場所は今の京都府庁あたりというが、鶴吉はここで数学の授業を受けたようである。

鶴吉はともかく数学に明るく、好きだったと考えていい。計数の才があったことは確かである。これが後年の会社経営に生きたと思うと、京都の七年間は将来の素地を作った時期といえる。ともすれば遊びにふけっていたようなとらえ方をされるが、ほとんどの時間は勉学に費やしていたのではないか。

ひたすら勉学に励んだという説、遊びほうけていたという説、綾部では面白おかしく語られることがあったが、勉学説の有力な証拠は、今に残る著書によって示されている。

明治十一年に出版した「啓蒙方程式」なる書物がそれである。鶴吉は「題言」（いまの書物だと「序に代えて」になるだろうか）のなかで、世に代数の本は多くあるが、一部は簡単すぎて「隔靴」（かくか）の感がする。靴の上から足を掻いているようなもどかしい思いがする。一部は退屈で、おもしろくない。そこで自分はこれまでに学んだ一元一次方程式から多元二次方程式までを取り上げ、「童蒙啓知ノ便ニ供セント欲ス」としている。子どもたちが算数を学ぶ際の一助にしたいというのである。童蒙は今も使われている言葉で、角川書店の「類語新辞典」では「幼くて物の道理にくらい者、子供」とある。

これを出版し、発売したのは京都市三条通寺町東入の福井源次郎だが、鶴吉の友人の服部直が「序」を書いている。書き出しには、「男子三日会わざれば刮目すべし」の言葉を引いている。

桜は三日見ないうちに散ってしまうが、男子は三日見ないうちに大きく変貌することがある。見違えるほど成長し、落ち着き、立派になっている。服部は原稿を読んで鶴吉の研鑽に感嘆したのである。ここから類推するに、鶴吉は懸命に勉強した。好きな数学にのめりこみ、ぐんぐん力をつけた。

京都の日々

鶴吉は何回か波多野家の財産を処分し、カネに換えて京都へ持ち運んだ。借金もつくった。「なにに使ったんだろう」というのは、親せきや村の人たちの疑問であったが、「啓蒙方程式」を出版するまでの勉学、出版にこぎつけるまでの費用は並のものではないことがわかる。

明治十一年といえば、すでに中村正直訳の「西国立志編」や福沢諭吉の「学問ノスゝメ」が出版されており、ベストセラーが誕生していた。出版文化の花が随所に咲いてはいたし、京都は東京と並んで出版の盛んな土地であった。しかし、だからといって本の出版がおいそれとできる時代ではなかった。

かなりのコストがかかったし、著者の負担は大きかったはずである。鶴吉は自らの研究をまとめたかったし、後進のために決定版をつくりたかった。若く無名の鶴吉が専門的で、かつ一般的な本を出そうとすると、自己負担がかなりあったはずである。この想（そう）やよし。志やよし。この時期の鶴吉に対し、鼻の欠けたことによって評価を低めるのはまさに為（ため）にするいい方だろう。

鶴吉は金を使ったかもしれないが、間違った方向にいっていたわけではない。本が売れて、経済的にひっ迫しなければ大数学者の道を歩んでいたかもしれぬ。あるいは数学教育のパイオニアになっていたかもしれぬ。

残念ながら「啓蒙方程式」は売れなかった。鶴吉は挽回をはかろうとした。投資したカネを回復し、せめて故郷に顔が立つようにしたいと思った。いろんな試みをしている。出版のあとで「数理探究義塾」を開く。近くの子どもたちに算数を教えようとしたのだろうが、うまくいかなかった。間もなく閉鎖してしまう。

つぎにやったのは貸本屋である。京都の真ん中の四条烏丸で、少年を雇って営業をしていたが、むしろ経費がかかってもうけるところまでいかなかった。揚げ句、鶴吉は紀州に二回ほど出向き、塩田を買おうとしている。こうなるとかなり大がかりな事業で、苦学生の分際を越えているが、資金の工面ができず、断念した。

ほかに鴨川沿いの土地を買おうとしてカネの算段に上林へ戻ったが、評判の悪くなっていたときだったのでだれも相手にしなかったといわれている。時計店を出していたことがあるし、淀川のしゅんせつ工事を請け負ったこともあるし、はては税務署に勤めていた、文楽座で義太夫の修業をしていた……。このうちのいくつが本当なのか、仕事遍歴が面白おかしく語られた。

鶴吉が「数理探究義塾」を開いたあたり

鶴吉の京都での遊蕩（ゆうとう）ぶりは芝居になったことがある。鶴吉がグンゼを成功させ、亡くなってからのこと。大正末期、綾部の帝国館で田舎劇団が三日間、興行したというのである。偉大な人間をやゆするのは、いつの世でも起こり得る。京都での七年間は、鶴吉が語らなかったが故に、終生ヒソヒソばなしのタネになったし、死後にまで戯曲化された。

若気のいたりで

「波多野鶴吉翁伝」の著者村島渚は、鶴吉の下宿で一年ばかりいっしょに暮らしていた宮脇剛三という人物を取材し、彼の話から京都時代の鶴吉の様子を描写している。宮脇は政界や実業界で活躍した後、伏見にひきこもり陶器研究家として有名になった。滋賀県の出身で、明治十二年十六歳のときに勉学のために京都に出た。宮脇家は三河(現在の愛知県東部地方)の吉田藩に仕え、近江領十一ヵ村の郡代をつとめた富裕な家柄であった。最初の下宿先にはー年ごろの美しい娘がいたので、間違いがあってはと父親が心配をした。父親は宮脇家出入りの茶屋、祇園畷「岩住」の女将に安心できる下宿先の世話を頼んだ。女将岩崎すみは「この家なら大丈夫」と太鼓判を押し、鶴吉のところを紹介したという。

宮脇は鶴吉の生活ぶりについてこう語っている。「数学の雑誌をやっていたのではなかったかと思う。印刷屋が印刷をしたものをしじゅう持ってきていたようである。貸本屋もやっていたが実に微々たるもので、時々二銭や三銭の収入があったくらいのことだった。とても生計の足しにはならなかったが、お金に困っている様子はなかった。最初は一人で自炊をしていたようだったが、まもなく友吉という小僧を雇って私と二人で暮らした」。

鶴吉の人柄については、「波多野さんは実に謹厳を極めたもので、品行方正、決して道楽なぞする人ではなく、うそも言わねばおべっかも言わぬ、おだやかで親切で、生まれの良い人だということは分かった。いつも木綿の着物を折り目正しくキチンと着て、家にいても膝ひとつ崩さなかった。部屋を貸していた雨森家の人たちも波多野さんには敬意を払っていたし、小僧の友吉などは心から敬服していた。私の父なども『実に立派な人だ』と言って信頼し、時々私の家に連れ立って帰ると、ごちそうして大切にもてなしたものだ」と話している。

「岩住」へは宮脇といっしょによく行ったらしい。女将が出すありあわせのものを肴にチビリチビリやりながら、火鉢のそばで無駄話などをしていた。「岩住」には芸者が三人、舞妓が三人いて、お呼びのかからなかった芸者が来て酌をしてくれることがあったが、鶴吉は冗談ひとつ言うではなく、淡々としておとなしいものだったという。鶴吉は「岩住」では「波多野さん」を縮めて「ノーサン」と呼ばれていた。

ただ、宮脇も「岩住」の女将と鶴吉との関係についてはよく知らなかったようだ。宮脇と出会ったときには鶴吉の鼻はすでに欠けていたが、「なにしろ行儀の良い人だったから、その鼻が不品行によって欠けたとは考えもしなかった」と語っている。

「波多野鶴吉翁伝」には次のように書かれている。「周囲には非常に親しくしていた上林出身の波多野愛之助という先輩がいて、なかなか道楽をしたらしく、『岩住』にもしげしげと出入りしていたということであるし、延の生家付近の出身の加藤太一郎、藍見豊蔵などという人もあって、加藤とは同じ京都中学におり、藍見とは同じ下宿にいた。この二人も京都遊学中には相当遊んだということであるから、翁も京都に出た当初はいっしょに遊んだこともあったであろう。しかし、何といってもまだ子供のようなときのことであり、数学の勉強も本を出版するくらい熱心にやっていたわけだから、遊蕩といっても伝えられているような大袈裟なことではなかっただろう」。

京都にいた鶴吉の実弟、亀太郎は「兄は倹約家で行儀よく、酒は少ししか飲まなかった」と話している。「第一そんなひどい道楽をする金の出どころがない。波多野家の財産なんてあんな山奥の田畑山林など、売るときになれば安いもので、その頃一町の田が五百円もしなかったと思う。兄が波多野家を潰して使い果たした金はせいぜい二千円くらいなもので、そのくらいの額は長い都会生活の間には生活費として当然に必要な額で、道楽でつかったのではない」と言って、鼻の欠けた病気については「若気のいたりで運が悪かった」と、かばっていたという。

桂小五郎や高杉晋作など、維新の志士の京都での遊びっぷりを持ち出すまでもない。当時の男なら、紅灯の巷で天下国家を論じ、一夜の恋に走るのは当たり前であった。それを不道徳と決めつけるのは、かなり年月を経てからの話である。鶴吉が遊ばなかったとはいえない。歴然たる証拠を持って帰ったのだから。だが、たった一回で、不幸にも外形に現れる結果になったともいえる。その一回が鶴吉をどん底に落とし、塗炭の苦しみをなめさせた。

「鼻欠け」は個人の過ちであったが、グンゼの創業には欠かすことのできない事件であった。われわれはこの過ちに感謝すべきかもしれない。

自由民権運動

京都の七年間、後半は金策のために事業のようなものに手を染めたが、成果を得たのは数学であった。それ以外の、もう一つ特筆しておきたいことがある。自由民権運動である。

薩摩、長州の出身者によって要職が占められていた新政府に反発し、民衆によって選ばれた代表者から成る国会が、国の政策を決定していく世の中をめざしたのが自由民権運動であった。土佐藩出身の板垣退助を頭領にいただき、中江兆民によって広められた運動は、明治七、八年から明治二十二年の憲法発布、翌年の国会開設まで、「全国規模で喧騒（けんそう）につつんだ」（「明治という国家」司馬遼太郎著）。「自由は土佐の山間より」――高知に行くと市立自由民権記念館がある。高知は自由民権の発祥地としてこれを誇っている。

自由民権運動は明治七年の「民撰議院設立建白」によって始まった。その起草者の一人に小室信夫がいる。「自由党史」によると、板垣が同じ土佐藩出身の後藤象二郎に相談したとき、後藤は、「最近、小室信夫、古沢滋が英国より帰国した。二人はヨーロッパの議院制度にくわしく、これを日本にも取り入れようと考えている。彼らを招いて建白書を起草させるのがいいだろう」と板垣にすすめたという。

小室は丹後の与謝郡岩滝町の出身である。ちりめん問屋「山家屋」の分家の主人として京都の店をあずかっていた。この間、討幕派志士と交わって幕府に捕らえられ、明治維新まで牢につながれていたが、維新後は徳島県大参事などをつとめた。明治五年にはロンドン留学をして、翌年帰国している。帰国後、板垣の依頼で「民撰議院設立建白書」の起草にかかわったが、その後は政治運動からは身を引き、実業界に転じた。

小室の出身地である岩滝町にほど近い宮津には、明治八年、官学教育に反対して「天橋義塾」が誕生している。丹後の自由民権運動の母胎となった私塾である。小室の娘婿となる小室信介や沢辺正修らによって指導された。沢辺は中央においても国会期成同盟の幹部として活躍した人物である。小室信介は板垣が暴漢に襲われたときにそばにいて、「板垣死すとも自由は死せず」という有名な言葉で遭難報告演説をしたほどの熱心な活動家である。明治十八年に小室信介、翌十九年には沢辺と相次いで三十四歳、三十二歳という若さで没し、天橋義塾も十年間の輝かしい歴史に幕を下ろしたが、彼らの指導によって、宮津では自由民権運動が非常な高まりを見せた。沢辺らを中心とした丹後の自由民権の激しい動きは綾部にも伝わってきていたことだろう。

活動家として

自由民権運動は鶴吉にも大きな影響を及ぼしている。鶴吉が京都にいた間は、自由民権が全国をおおった時期に合う。鶴吉の勤めた「数理探究義塾」の初代社長は服部直。服部は岐阜県人だが、京都の自由民権運動の中心をになった平安公会のリーダーであった。平安公会は明治十三年末に結成され、十四年一月には二百人前後の会員を擁し、「府下自由党の団結」

と称せられた（「大阪日報」）。

同じ明治十四年一月には民権家の集まりとして京都交詢会がつくられている。この会は「烏丸四条下ル波多野鶴吉方ノ坐敷ヲモッテ会場ニ定メ」（同）と報じられている。鶴吉の下宿が会合場所になっていた。

同じ年、京都府の北垣国道知事は突然、追徴税の徴収を府議会に提案し、強引に可決に持っていく。京都交詢会は抗議文を提出するが、代表して署名しているのが服部直、石田寿治と鶴吉である。彼は服部につぐ活動家であった。

しかし、どういうわけか運動はしぼんでいく。服部は明治十四年十月に退会を表明し、鶴吉も二ヵ月ほど遅れて「京都新報」に「拙者儀今般事故有之平安公会並京都交詢会ヲ退ク　此段広告ス」と退会を公告、やがて京都を去るのである。司馬遼太郎は「大運動のわりには、その勢いのおとろえは、じつにあっけないものでした」と書いている。明治十五年三月五日の「京都新報」には「一時は民権家の巣窟といわれた京都交詢会も年月を経るにしたがって腐敗し、権力に取り入る者も出て来ている」との記事が掲載されている。服部や鶴吉といった人物を失うと、その衰えは早かった。

自由民権運動は綾部にも及んでいた。郷土史家の梅原三郎は「綾部における自由民権運動」

（綾部史談会・四十周年記念特集号）を書いている。味方町の自宅に梅原を訪ねて、話をきいた。梅原は長く教員をしたあと、市教育長をつとめた。私にとっても綾部中学時代、社会科の担当であったというかかわりがある。話をききに行ったときは言葉もしっかりしておられたが、平成九年六月に亡くなられた。

サロン的

綾部において、自由民権運動が盛んになったのは、明治十四年ごろ、中心人物は広小路の羽室丈輔である。他に芦田新右衛門、原基雄、大槻理三郎、大槻金三郎など。彼らの活動の中心は党員集会や演説会の開催だった。

明治十四年九月には芦田や原が中心となり「立誠会」を結成し、神宮寺の西福院で有志十数名による懇談会を開いている。ここで毎月一日と十五日を集会日と定め、会則の協議を行なった。会則の第一条は「皇室ヲ翼戴シ制法ヲ遵守シ天地公道ニ基クベキ」となっており、第八条には「本会ニ加入セント欲スル者ハ品行不正軽挙暴動ニシテ他日妨害トモナル可クト認ムルトキハ断然謝絶スベシ」とある。要するに、「天皇を崇拝し、法律は守る。会員になろうとする者で、不正をはたらいたり、軽々しく暴力をふるったりして警察から目をつけられることになり、会の運営に支障をきたす恐れのある者は絶対に入会させない」ということである。要求を通すためにはどんなことでもするという激しさはなかったようだ。梅原も論文の中で「ここにこの会の性格が明らかに出ている」と書いている。

立憲政党新聞の明治十五年六月二日から八月十八日頃までの記事の中には、政党から派遣され各地を遊説した城山静一という人物の巡回記事が「丹後の記・丹波の記・若越の記」として連載されている。このなかで綾部に関係のある部分が「綾部市史」で紹介されている。これを読むと、当時の活動の様子がよく分かる。

城山は明治十五年五月十三日に綾部に入り、党員であった何鹿郡上杉村（現在の綾部市上杉町）の藤田善三郎宅で休憩をした後、午後五時過ぎに町の旅館に入った。そこに有志が続々集まり、懇談をしながら朝まで飲んでいる。翌日は午後七時から演説会が開かれ、大槻理三郎が開会の趣旨を述べた後、つぎつぎと三人の弁士が壇上に上がったが、三人目の途中で監視の警察官が中止を命令した。聴衆は憤慨したが、主催者側は警察ににらまれるのは得策ではないと聴衆をなだめ、城山も旅館に引き上げた。しかし聴衆の一部は旅館につめかけ、城山が日頃の考えを述べたところ、拍手喝采を受け、まるで演説会のような有様になったという。

だが羽室や芦田らの活動は明治十五年には盛り上がりを失っている。当時、羽室丈輔が最年長の二十五歳、他もすべて十代から二十代前半の若者である。時代の変化に興奮し、流行に乗り遅れまいとしたのだろうが、すぐに熱は冷めたのだろう。綾部の活動家はすべて金持ち、旧士族の子弟であり、「ちょっとサロン的というような傾向があったようですな」と梅原は分析する。彼らは活動しながら謡曲なども習い楽しんでいた。いっしょに習っていた人たちは、当時の綾部経済界の有力者たちだった。「ブルジョアという立場の人たちと趣味的な交際をしながら民権運動をしていたものである」と梅原は書いている。

鶴吉は、明治十四年末に綾部に戻っているが、丈輔らの運動にはかかわっていないようだ。綾部の活動家は後に町議や府議、郵便局長など地方の有力者に成長している。丈輔は郵便局長となったし、芦田は郡議などを経て、郡是の発起人にも名を連ねる有力者となった。自由民権は政治のタネをまいた。だが、鶴吉は以後、政治にかかわることはしなかった。「政治嫌い」とさえいわれた。

第五章　天職に会う

失意の帰郷

鶴吉が京都の七年間にすごした場所は、最初の下宿の麩屋町三条西の坂本旅館、二番目の下宿は烏丸四条下ルの雨森家、それに「数理探究義塾」のあった上京第二十七区油小路通押小路下ル二条油小路町二八一、数学を学んだ京都中学などになる。

いま訪ねても当時の建物は残っていないが、義塾のあった付近はちょうど全日空ホテルの裏あたり、戦災にあわなかった京都ではまだ古い街並みが残っていて、明治の静けさを感じとることができる。

京都中学をしのばせるものは「京都守護職屋敷」の石碑である。「京都府誌」の「中等教育」の記述によれば、明治六年、中学教場が散在している不便を察し、「上京区第二十組下立売通釜座」の旧守護職邸内に和漢学、数学などの四教場を新築したとある。いまの府庁が建っているあたりである。

上林の養家から京都にやってきた鶴吉は、大都会で新しいものにふれた。数学、自由民権とまばゆいばかりの時代の風にふれたが、いっぽうではカネを使い果たし、鼻が欠けるという一生の悔いを背負うことにもなった。

帰郷を決断させたものがなんであったかはわからない。明治十四年、二十三歳の鶴吉は上林でなく、実家のある延に戻ってくる。父はすでに隠居し、兄の松逸郎が家を継いでいたが、父は激しく怒り、兄がとりなしたという。花は波多野家から引きとり、二人は羽室家の一隅に住まいを持つ。

山岡荘八著の「妍蟲記」では、花（小説では八重）が鶴吉（鶴之介）を引っ張って、両親に会わせようとする。前半のクライマックスである。

「その顔を、兄にも嫁にも、よく見せてやるがよい。勉強々々と先走って、養家を潰(つぶ)した放蕩（ほうとう）のあとがその態ぢゃ。祖先の名を辱（はず）かしめた、あげえといったら挙げぬか顔を！」

父は養家の詫（わ）び、世間への詫びに「斬（き）ってやる！」と叫ぶ。両手をひろげ、鶴之介の前にはだかるお八重。雇人のくる気配に義姉が収拾し、鶴之介の前に立つ。

「あなたは……鶴之介さんは、今日から私が監督します。お父さんのおこころの済むやうに、立派な人になるまで監督します」（かぎかっこ内は原文のまま。振り仮名は著者）

鶴吉はしばらくぶらぶらしていた。この間、借金の取り立てを手伝ったとの説もある。なつかしいふるさとの山川に波長を合わせる時期をすごした。相手をするのは羽室家出入りの人たちである。中に子方で学校の教師をつとめる高田辰之助がいた。高田は自分の勤めている村の小学校に欠員ができたので「鶴吉さんにどうだろうか」といってきた。

鶴吉は京都では塾で教えていたことがあり、子供向けに数学の本も著したことがある。教えることについては自信があったし、仕事をしたかった。問題は顔のことをとやかくいわれる心配だったが、もはや覚悟のうえ。明治十五年一月、月給五円で教員になった。学校へは紋付羽織に袴（はかま）の姿で通った。

花夫人の支え

鶴吉が京都へ行っている間、そして戻ってきて羽室家に身を寄せている間、妻の花はただ忍従の毎日だった。明治の女性は耐えることを習わしとしたというかもしれないが、この時期の苦労は並大抵ではなかっただろう。

波多野家の一人娘として生まれた花は、五歳で父を、九歳で母を失い孤児となり、たった一人残った祖母とも十二歳のときに別れる。頼る鶴吉は京都に行き、広い屋敷にぽつんという感じで生活した。

　学資が要ると言っては山を売り、田を売り、めぼしい家財道具を持ち出す鶴吉を見て、親戚や近所の人たちは花に離縁を迫った。近所に住んでいた井上小平という者などは熱心に、

「お花さん、鶴さんなど思い切ってしまいなさい。あんな人に未練を残していては家が潰れてしまう。一日も早く離縁してしまいなさい。私がもっとよい養子を見つけてあげますよ」とすすめた。しかし、花は「思し召しはありがとうございますが、わたしにはどうしてもそのようなことはできません。たとえ家が潰れても、それはわたしの幸せが悪いので、あきらめるより仕方がありません。どうしても離縁せねばならぬのなら、それが皆様のご意見なら、どうぞわたしも一緒に離縁してください。二人で首に袋を下げて流浪の旅をいたそうとも、わたしは思い切ることはできません」ときっぱり断った。それからは井上も親戚の者も二度と離縁話を出さなくなったという。

花夫人（「波多野鶴吉翁伝」）

　羽室家に寄寓（きぐう）するようになって花は肩身のせまい思いをしただろうが、鶴吉との間はしっくりいくようになった。妻は夫

を信じ、夫は信じてくれた妻をいとおしく思う。夫婦の愛情はこのときから本物になった。「波多野鶴吉翁伝」は書いている。

「翁が夫人をいたはるさま、夫人が翁に事ふるさまの美しさは、世に類（たと）ふべきものもなかった」。

決断のときに鶴吉を励まし、立ち直らせたのも花であった。後年、「グンゼ創業者鶴吉は、花夫人なくしてあり得なかった」といわれたのも当然で、周囲の人の中には「花さんがえらかった」と鶴吉以上に讃（たた）える声も多かった。当時の女性は、夫についていく以外に他の選択がなかったのかもしれぬ。花は鶴吉を信じた。

心に火がついた

鶴吉が小学校の教員をしていたのは四年と三カ月である。鶴吉は教師という仕事が好きではなかったが、子供たちに教えている間は一生懸命であった。決して手抜きはせず、全力をもって当たった。

いま、当時の波多野先生の思い出を語る人は生存していないが、村島渚は、何人かの教え子から話をきいている。鶴吉は生徒を愛した。決して叱（しか）ったりしなかった。やさしい先生という印象であった。算術と習字が得意で、出来ない子供がいるとあとに残して特別に教えた。いまでいう補習だが、そこまでやってくれる先生はいなかった。

生徒は石盤を使っていたが、石筆のつきの悪いのが多かった。鶴吉は自分のポケットマネーで石盤を買い、生徒たちに与えた。新品は石筆のつきがよく、生徒たちの答が正確に読みとれた。

いつの時代でも子供たちは先生にあだ名をつけたがる。鶴吉も予想したごとく「鼻ない先生」とかいわれたが、その実力と熱心さとやさしさは地下水のように浸透していった。生徒や同僚の信頼を得、父母からも感謝された。落ちた信用は回復し、つぎの飛躍への準備は完了したのである。周りに鼻のことをとやかく言う人はいなかった。

鶴吉には事業欲があった。「いずれは」という気持ちがあった。信用の回復に四年余りを要したのを長いとみるかどうかだが、これも後年の大活躍のために必要な修業期間であった。

当時、何鹿郡では古い型の蚕糸業がはびこっていた。鶴吉は教師をしながら折にふれて蚕糸業の実態を見ていただろう。かなり史実に近いと思われる和田傳の小説「一絲紊れず」では、急に成績の落ちた生徒を心配することから、生徒たちが夜も眠らずお蚕（かいこ）さんの作業に励んでいる様子を感じとるシーンがある。

鶴吉は家庭訪問をしている。母一人子一人で養蚕をしている佐藤ヤスの家である。貧しいし、母も子もくたくたに疲れている。「そこには養蚕をする―と言っても、それがどうして製品になり、どこで販売されるのか、そんなことは一向に考への中に入れないで、たゞ昔から同じ方法で繭を作ってゐるだけの百姓たちの姿があった」（原文のまま）

しかも買いにきた男に安くたたかれ、母親は鶴吉に「来年は（養蚕を）やめたい」と訴える。鶴吉はこの地方だけでなく、京都府の農家の問題だととらえ、ふつふつと改革への情熱がわいてくるのを感じる。

佐藤ヤスの家を訪問したあと、心に火のついた鶴吉は蚕糸業という対象を円い玉のように抱いてみて、どこから中心部に迫るかを考えはじめた。羽室家の父にも、兄にも相談したし、製糸業を営んでいる人を訪ねてもみた。持ち前の探究心で勉強をはじめた。その接触のなかで、この地方の製糸業がまとまりを欠き、それ故に全国的にも遅れていることを実感した。

業界の側からは有能な人物に組合に入ってもらう必要があった。明治十九年三月、鶴吉は小学校を去り、新設の何鹿郡蚕糸業組合に入り、組合長に就任した。

和助の拾い物

鶴吉が小学校の先生をしていたころ、何鹿郡の、というより京都府の蚕糸業は日本の他地域にくらべて品質の劣るものを生み出していた。開国によって輸出の花形になった生糸なのに、西陣の織物、丹後のちりめんを近くに持つ丹波の蚕糸業は改良の努力を怠っていた。

明治十八年、東京・上野で開かれた全国五品共進会で綾部地方から出品された繭と生糸は「粗の魁たらん」、あるいは「繰糸の方法きわめて拙く束装も区々たり」と酷評された。粗の魁といわれた繭だったが、魁とはさきがけ、巨魁とか魁偉とか、かしら、第一を表現するときなどに使う。「大きく堂々としている」の意もあるが、この場合はこれ以上ないお粗末なものという最低の評価だろう。

目を海外に向けず、丹波の山の中で惰眠をむさぼっていたといわれてもしかたがない。丹波国の風土記では、この地方の人間が島国根性で足の引っ張り合いをすると、その特質を述べているが、短所が製品の中に見事に浮き彫りにされていた。

当時の知事は三代目の北垣国道。北垣は明治十四年に高知県令から転じ、明治二十五年内務次官に栄転するまで在任した。北垣は但馬の中農の出身。尊攘派の一人として変名で活動を続け、戊辰戦争などにも参加、維新後は地方行政の専門家になった。

北垣の知事就任は歓迎されたようで、丹波の農民がお祝いの土産を持って知事邸にかけつけたとか。

北垣は産業振興を一つの柱としたが、フランス留学後、生糸検査に当たっていた今西直次郎の進言によって蚕糸業の大同団結の必要を認識し、明治十八年八月、福知山で四日間にわたる養蚕製糸集談会を主催した。ここで業界の問題点が洗い出され、さらに蚕糸業組合の準則が発布されて、何鹿郡の組合結成が動き出す。

梅原和助（「波多野鶴吉翁伝」）

当時の綾部の蚕糸業の第一人者は梅原和助であった。事業の規模からいっても和助が組合長に就くのがよかったが、和助は鶴吉を推薦する。二人はふとしたことから福知山で知り合ったが、鶴吉を見込んだ大きな理由が「英語ができること」だったというから面白い。

鶴吉とて英語をペラペラしゃべったりはしなかっただろうが、京都で勉強していたのだろう。和助は「生糸は外国へ出ていく製品だから、組合をやる人は英語のできる人でなければダメだ」と言っていたらしい。後年、和助は鶴吉を見出したことを自慢していた。「わしはどえらい拾い物をした」と。

鶴吉も和助のことを終生恩人としていた。亡きあともしばしば梅原家を訪れ、家族の相談にのったりした。息子の梅原信正は府立医大の教授になったが、昭和四年「綾部の回顧」を「何鹿実業月報」に載せ、「私の父は波多野翁を見出して彼を蚕業会に手引きした一人であった。また郡是創立のこゝの声を挙げたのも私の家である」（原文のまま）と書いている。

和助は事業家としての才にあふれていたようで、茶の木畑を桑畑に転換し「寺山四つ尾山の麓から里、位田迄桑の木畑になることはそう長い間も待たずもよかろう」と呵々大笑したという（「綾部町史」）。

和助は明治二十七年に亡くなった。グンゼ創業の二年前である。

田野に恩あり

歴史を読むとき、人と人との出会いほどスリリングで興奮をおぼえるものはない。歴史に「もし」はないが、秀吉が信長に仕えなかったら、坂本竜馬が勝海舟に会わなかったら、その後の日本史はかなりちがっていただろう。

人は人生の途上で何人もの人物に会う。柳生家に「小才は人に会っても縁に気づかず、中才は縁に気づいて縁を生かさず、大才はそでふれあった縁をも生かす」という家訓がある。

綾部市田野町に残る田中敬造の家

鶴吉も多くの出会いを得た。そして、縁を生かした。梅原和助との縁で蚕糸業に入ったのもその一つであり、期待に応（こた）えたのも出会いを生かした好例である。

鶴吉は「田野に二つの恩あり」といっている。二つの恩の一つは、天蚕である。もう一つはキリスト教であった。二つの恩は、田中敬造との出会いで恵まれたものである。二つは、鶴吉が田野の田中敬造宅を訪ねたときに啓示のごとくひらめいた。ひらめきのままに行動し、グンゼの誕生につながった。

綾部市田野町。かつては五十戸ほどの山林と農業で生きる小じんまりした村であった。いまは新しい住宅が建ち、百七十戸ほどの地区である。田野町笹谷の泉清を訪ねて、父の泉源太郎が書き記していた田野の歴史や人物誌を読ませてもらった。

泉源太郎は戦時中に綾部町で収入役などをつとめ、町議だったりした。俳人としても有名で、明治四十二年、河東碧梧桐が綾部にきたとき刺激を受けて句作をはじめ寸虹社を結成した。生涯に出した句集は六冊。源太郎の描写する田中敬造は「進歩的な活動家」であった。

敬造は区長をしていたが明治六年、戸外で蚕を飼育する天蚕をはじめ、さらに柞蚕（さくさん）をとり入れた。これも戸外の飼育だったが、ヤママユガ科の茶色の大きなガを使って糸をとる方法らしい。当時としては進んだやり方だった。

組合に入っていた鶴吉は戸外の作業に疑問を持った。ハチにやられるなどの危険性も高く投機的で山師的。鶴吉は「家蚕の屋内飼育の方が健全性である」と考えた。敬造と鶴吉は、天蚕か家蚕かでよく議論をしている。風や雨にうたれる天蚕か、温室のような家蚕か、それぞれの長所、短所を出しあった。

天蚕か、家蚕か

「一糸紊れず」に鶴吉と敬造の出会いの場面がある。

——「あんたが、田中さんですか?」

鶴吉は笑いながら近づいた。

「僕が田中ですが、なんぞ御用で?」

敬造は無愛想に突っ立ったまま答えた。

「あんたの天蚕の飼育を見せていただきたいと思うてやって来たのです。できればご意見もお聞きしたいと思いましてなあ」

敬造は了解したように急に頬をやわらげると、裏の畑に鶴吉を案内した。一反近い畑にはクヌギが植えこんであり、鈴なりに緑色の天蚕がまつわりついているのであった。敬造は黙って、その一匹をつまみ上げて見せた。

「丈夫ですからなあ、こいつは。在来のお蚕さん以上です」

「なるほど、手間がかからんでしょうなあ」

鶴吉はもぞもぞと林にもぐりこんで、みてまわった。

「そりゃ、楽なもんです。ここらのように人手が足りないところでは、こういう飼育法をぜひ勧めないけませんな」

「なるほど手間の点から言えば、大変経済的に見受けられますが、天候のことなど、かなり危険があるように思われますが」

「それは、まるで危険がないとは言えませんけど」

「それに管理の面ではどうです？たとえば鳥害を受けたり、毛虫などがまぎれ込みはせんですか？」

鶴吉はずばずば言った。いい加減な気持ちで言っているのではなかった。敬造はちょっと弱いところをつかれたかたちだった。

「今拝見してなかなかいい方法やと思うたんですが、やっぱしこれは一種の便法にしかすぎんという気がしとるんです。あんたには失礼やけど、同じ蚕を飼うて糸を取るなら、やはり家蚕がええと思うなあ。人が手を加えて技術的に改善することも、大切なことやないですか？」

敬造は横を向いていた。

「もちろん、僕もそれは考えとります。しかし、この辺の農家に勧めるには、やっぱりこの方法がええと思うのです」

「僕も農家のことを考えとるんです。けれども、天蚕のような粗雑な繭が、家蚕に太刀打ちできる道理はなかろうと思うのです。精良な繭を作り出して、丹波の繭の価値を高めるのが、結局、農家のためやないんですか?」

敬造は突然笑い出した。

「あなたと僕とでは、どうも根本的に違った意見のようですなあ。でも僕には成算がありますから、やるところまでやらな中止するわけにはいきません。あんたも理屈ばかりでなく、実際に家蚕をおやりなさい。その上で改めてご意見を聞いたほうが早そうや」

そういう敬造の口調には、みじんも軽べつした素振りがなく、さっぱりしたものであった。

鶴吉にはそれがとても気持ち良かった。

「ありがとう。僕も来年からやってみます。お暇があればうちにも来てください。蚕のことについては、何を言うてもあんたが先輩やから」

鶴吉は言った。

敬造は自説を譲らなかったが、鶴吉は家蚕のよさを確信した。敬造は反面教師であった。行き方はちがったが、鶴吉は敬造との出会いのなかで蚕糸業の方向づけをしていった。

当時の何鹿地方の蚕糸業は生糸が「粗の魁」と酷評されたほど停滞していた。鶴吉は大きな資本の製糸会社をつくろうと製糸家によびかけるが、総論賛成で各論消極的であった。「それはよいことだ」というのだが、いざ「みなさんが発起人になって資金を」と頼むと「よう考えてから」とうやむやにされた。鶴吉は「小田原評議で少しも要領を得ませぬ」と話している。

鶴吉は明治二十年の春、羽室家の力を借りて製糸工場をはじめた。社名は羽室組。高倉平兵衛の協力も得て、三十四釜の工場が動き出した。グンゼ創立のときは、この羽室組と梅原和助の梅原製糸場が基礎になる。鶴吉は蚕糸も自分で手がけた。一方、敬造の天蚕はうまくいかなかった。事業は失敗、田中家は明治二十六年、田野を引き払って北海道へ移住する。グンゼ創立は遠く北海道できいた。創立の日を自分の目で見ることはなかった。

キリスト教

「田野に二つの恩あり」のもう一つがキリスト教である。田中敬造がキリスト教に入信するきっかけは、やはり蚕糸であった。泉源太郎が記述しているところによれば、明治十九年、業界の視察で愛媛県大洲市を訪れ、押川方義の演説を聞いた。「ほんの物好きに風呂屋戻りに会場たる小学校に立ち寄った」(「波多野鶴吉翁伝」)のだが、耳に入ってきたのはキリストの愛を説く熱弁であった。

共鳴した敬造は帰途、神戸に寄り、英和女学校教師ブラウン、神戸教会牧師原田助に会って、さらに信心を深め、その年の暮れには綾部と京都市のほぼ中間に位置する胡麻村の教会に伝道を依頼、自宅で集会を開いた。

すでに京都では新島襄によって同志社が創立され、丹波南までキリスト教が入ってきており、丹波教会があった。敬造によって教えは田野に一点を落とした。

明治二十三年、牧師留岡幸助はすでに福知山にあり、田野に巡回してくる。このときの会合(於、田野会堂)に鶴吉の名前がみえる。他に高倉平兵衛、新庄倉之助ら製糸業に携わる人たちが顔をそろえ、参会者は六十四人と記している。

鶴吉はその頃に洗礼を受けていたようだが、「何鹿実業月報」は大正九年十一月「波多野記念館落成号」の中で洗礼に関するエピソードを紹介している。「翁が基督教に依って一度霊の糧を得るや一日も早く洗礼を受けて真に神の愛し子とならんと楽しみつゝ或は夫人に、或は実兄羽室夫婦に其決心をつぶさに語りては賛同を求められたが、誰も彼も大反対で……」。そのうちに須知の方の牧師と約束した洗礼の日がきて、田野から中山兵太郎が迎えにくる。

「翁は『一寸用事が出来て中山様と一所に参ります』と許(ばか)り判然と答へず、漸く草鞋（わらじ）の紐を堅く締め終りて『実は中山様に伴れられて須知まで洗礼を受けに行ってきます』と言ふや否や『中山様さあ行こう』と駆け出し」。記事の見出しは「逃げ支度で」となっている。周囲に気をつかいながら、しかし引き返せないところまできている信仰の道。揺れ動いていたというより、親や妻に心配をかけまいとするやさしさが出ている。

田野会堂。現在は田野町公会堂として利用されている

押川方義、留岡幸助らは当時のキリスト教の伝道師であった。活動的で熱情的で、彼らの影響によってキリストの教えは広まり、日本の産業資本の一部と結びついて強固になった。留岡は福知山から北海道・空知刑務所の

教誨師に転じるが、北海道で開いた家庭学校は教育的にも脚光をあびた。

鶴吉は天蚕の勉強に敬造宅を訪れ、部屋に聖書があるのを見て一読。キリスト教に惹かれたと言われている。敬造は熱心に入信を説いたことだろう。しかし、田野では神仏を信仰する動じない地盤があった。村の掟ともいえる「お講」には、「邪教は入れず」とうたわれていた。キリスト教は禁制ではなかったが、田野の史家、泉は「倒産と村合の対立をこころよしとしなかった」と敬造と村とのとけ合わない空気を伝えている。

区長をつとめる名望家ではあったが、キリスト教までは認めてもらえなかった。故郷を去る田中敬造の胸中はどうだったか。打ちひしがれたものだったか、それとも古いこだわりを持たない北の大地への希望にあふれていたのか。敬造と鶴吉、二人がともに綾部にいて、ともに同じ蚕糸の仕事をしていたら、互いに刺激しあって大きなプラスを生んだかもしれない。しかし、一方で反発も生まれただろう。二人は新しいものには貪欲であった。この共通性がキリスト教で結ばれた。綾部と北海道、遠く離れてはいたが、心のネットワークはできていた。

第六章　人格を力とし

先進地・上州で

明治維新後、日本は必死に欧米列強に追いつこうとしていた。そのころ、日本が外貨を獲得できる最大の商品は生糸であった。一時は、外貨獲得の七〇％以上を生糸が占めたといわれる。

明治のはじめ、蚕糸業で最先端を走っていたのは上州（群馬県）であった。現在の群馬県安中市で養蚕所を営んでいた湯浅治郎は、上州の島村と水沼の養蚕家五人が皇居の紅葉山にある御養蚕所へ招かれ、宮中で養蚕の手伝いをしたとの記述を残している。

当時の上州の蚕糸業を肌で感じられないかと、ゴールデンウイークを利用して群馬を訪ねた。

群馬では、すでに奈良時代から絹が特産物として知られており、「続日本記」によると、和銅七年にはじめて調として絁（あしぎぬ）を貢納したとある。（「群馬県史」）

安政の開港以来、前橋は日本一の「糸の町」として栄えた。前橋生糸の品質は外国人の間でも評判であった。堤糸（さげいと＝たばねた糸）のことは「マエバシ」と呼ばれていたほどである。

明治三年、前橋藩士の速水堅曹、深沢雄象が日本で最初の機械製糸所を始めた。場所は現在の前橋市住吉町一丁目である。ここには全国から多くの人が製糸技術を学びにきていたという。国道十七号の交通量の多いその歩道のところに、「日本最初の器械製糸所跡」（原文のまま）という石碑がある。すぐそばを流れる広瀬川の水力を利用して、機械製糸を行っていたようである。

一方、富岡には有名な富岡製糸場があった。明治政府が「富国強兵」「殖産興業」のスローガンのもと、各地に建設した官営工場の一つである。大蔵省の役人であった渋沢栄一が計画を担当し、フランス直輸入の三百釜を備えつけていた。開業は明治五年。蒸気機関による本格的な機械製糸工場であった。

富岡は高崎から上信電鉄で三十分ほどのところにある。０番ホームという高崎駅のすみっこが上信電鉄のホームである。二両連結の電車は、雨で遅れることをみこしてか、三分ほど早く発車した。「むちゃくちゃ早いじゃん」と予定より早い出発に、向かいの若い女性が驚いて時計を見る。

電車は最初、民家の軒と軒の間を走っていたが、しばらくすると雨も上がり、のどかな田園風景が広がった。線路沿いのあちらこちらに桑畑が広がっている。

富岡製糸場は、上州富岡駅から歩いて五分。駅前の商店街を過ぎ、細い路地を抜けると、赤レンガ造りの大きな工場が建っている。高い塀がぐるりと周囲をかこい、鉄製の門は固く閉ざされていた。

富岡製糸場

富岡製糸場は、明治二十六年に三井家に払い下げられている。その後、昭和十三年に片倉工業株式会社に引き継がれたが、繊維業の不振により昭和六十二年に操業をストップした。すでに呼吸をしなくなった工場は、威厳と風格を保ちながら、今度は富岡の新たな観光名所として整備されつつある。日本の産業革命のモニュメントだ。
上州は綾部の手本となった。上州から綾部への流れが日本の蚕糸業を形成した。鶴吉は「田野に二つの恩あり」といったが、上州からも二つのものを得た。

2人の信者

明治十九年、何鹿郡蚕糸業組合長の鶴吉は、蚕糸技術をどう高めるか、頭を悩ませていた。そんなある日、一人の青年が鶴吉のもとを訪れる。高倉平兵衛である。

平兵衛は「自分は蚕糸業を研究しようと思うが、どこに行って研究したらよいものだろうか教えていただきたい」と相談した。鶴吉は喜んで、「それなら上州へ行きなさい」と勧めた。何鹿郡には新しい技術を身につけた指導者が必要だった。平兵衛の親は大反対するが、彼はとうとう家出をして、上州に飛んだ。

もう一人、鶴吉が上州に送り込んだ若者がいた。新庄倉之助である。彼は組合の書記として鶴吉の下で働いていた。

「新庄君、きみ、上州へ蚕糸業の研究に出かける気はないかい?」

「はあ、出来ればぜひ行かしてもらいたいと思うとります。高倉さんも行っとられることですし」

倉之助は仕事の手をとめて、鶴吉の方へいざり寄った。

「そうや、高倉君が出かけてからもう半年になるが、だいぶ参考になるような手紙やし、将来のここらへんの蚕糸業のことを思うと、私はじっとしておれんのや。君も一年くらいの予定で行ってもらえれば、どんなにありがたいかわからん」

倉之助は上州行きを決心した。しかし、倉之助の親も平兵衛の親と同じく、上州行きには猛反対で、承知しない。鶴吉は蚕糸業の現状を訴え、説得する。

「これは何と言うても第一にこの地方の蚕業のためなのです。御子息が行かれることが、どんなにこの地方のために役立つかわからんのです」

「でもありましょうけどなあ、なにしろ一年は長い。その間の金の心配もありますし」

「金の心配はいらんのです。組合から派遣するという形をとるのですから、費用は組合で負担します」（『一糸紊れず』）

結局、倉之助は鶴吉がその将来を保証し、書記在任のまま、給料を学費に流用させるという条件で上州に旅立った。平兵衛より一年遅れの明治二十年のことである。

一足先に上州に来ていた平兵衛は初め深沢組に学び、福島、山梨、長野等も視察して明治二十年十一月に帰郷した。一方、倉之助は研業社で学んだ。研業社は現在の前橋市関根町にあった。関根町は前橋駅から車で二十分ほど。群馬大学荒牧キャンパスのあたりである。

研業社は明治三十年代の初めには解散しているが、関根町には今でも桑畑がたくさん点在している。榛名山と赤城山にはさまれた静かな集落である。倉之助も明治二十二年八月には帰郷した。

彼らは鶴吉に二つの土産を持ち帰った。一つは製糸業の先端技術である。これは鶴吉を大いに喜ばせたが、もう一つの土産がキリスト教であった。二人はそれぞれ上州でキリスト教に入信していた。

上州はキリスト教の盛んな土地である。前橋の町を少し歩くだけで、いたるところに教会があるのがわかる。生糸売買を通じて早くから外国人との交流があったためであり、製糸業の経営者たちが敬けんで意気に燃えていた証拠でもあった。この土壌の上に、群馬出身の新島襄、内村鑑三といった日本のキリスト教の先駆たちが種をまき、広めていった。そのため上州の有力な製糸家の多くはキリスト教徒であった。彼らの信仰は事業のなかでも生かされている。彼らは「工女」（群馬では決して女工と呼ばなかった）の教育に力を注いでいる。

上州沼田で従業員四百五十人余を擁して製糸業をしていた星野精一は、「工女さん」たちの福祉と教育に熱心であった一人である。「日曜学校に出席することを勧め、教育の機会を多く与えるように配慮し、彼女らが嫁に行く時には仕度もして送り出した」（「群馬県史」）とある。

後に鶴吉もグンゼを興し、工女の教育に心をくだいた。キリスト教を取り入れた経営のヒントを、群馬で学んできた二人から得ていたのだろう。

平兵衛と倉之助はグンゼの技術の基礎だけでなく、精神の基礎も持ち帰った。田野の田中敬造からと、上州からと、糸と信仰はまじりあった。

洗礼を受ける

綾部のキリスト教は同志社に発している。新島襄がアーモスト大学、アンドヴァ神学校で学び、信じたプロテスタンティズムが京都の同志社に拠点を定め、そこから北へ伸びていった。当時、この派は日本組合教会とよばれた。

明治十年六月、同志社の生徒が亀岡に入り、伝道をはじめた。亀岡から船井郡船枝村に、さらに胡麻村へ。明治十七年には船枝に丹波第一教会が設立される。この教会を母として誕生したのが、綾部市新町に建つ丹陽教会である。いまでも日曜日には定例のミサがあり、二十名前後の信者が礼拝に訪れている。

丹陽教会には、クリスマスにまつわる思い出がある。終戦直後、小学生だった私たちはクリスマスが近づくと教会に行った。日曜学校の生徒となり、キリストの弟子や羊飼いの役を与えられて劇の練習をした。当日は晴れ舞台であったが、それよりお菓子やプレゼントをもらうのが楽しみであった。

あのとき、袋をかついだサンタクロースはだれだったのだろうか。いま「丹陽教会五十年史」（昭和十八年五月発行）を読むと、高倉平兵衛の息子の高倉泰次だったのか、ひょっとしたら鶴吉の養子の林一だったかもしれないと思ったりする。少年の心に焼きついているのは、温和な表情の、大柄のサンタクロースである。

しかし、私たちはよき生徒ではなかった。クリスマスがすぎると足は遠のき、今度は天理教の日曜学校に行ったりする気まぐれであった。教会には鶴吉の妻・花の姿もあったにちがいない。会堂のすみで、拍手を送ってくれていただろう。あの混乱した時期に、教会の内と外には世俗とちがう善意があふれている気がした。

丹陽教会より前に、田野会堂、綾部会堂、丹波第二教会などの前史があるが、鶴吉が入信したのは明治二十三年である。「丹陽教会五十年史」では「留岡（幸助）牧師時代に於ける綾部田野方面の信者にはつぎの如き人々があった」として、鶴吉の名前がのっている。

この名簿の第一号は田中敬造であり、高倉平兵衛、新庄倉之助などに続き、四十人目に鶴吉が出てくる。全員で六十四人。留岡は福知山を本拠とし田野の会堂にきていた。六十四人はそこに集っていた人たちで、明治二十五年前後のことである。

鶴吉が須知会堂で受洗した留岡は、日本のキリスト教伝道の歴史に残る巨人である。のち北海道に赴任し、東京、北海道に家庭学校を創設、非行少年の教育に生涯をささげた。「留岡氏は弱冠の牧師であったけれど人格識見ともに高くして信者の崇敬厚く、この人を中心とする信者相互の交りは懇親を極め……」と五十年史も絶賛している。

前日、留岡の説教をきいたあと、園部から綾部への帰り、高倉平兵衛は日記に「午前八時前より十一人の信者と共に帰る。午後七時なり。道中信仰の話をなしつゝ雪降りにて難路なるも労を忘れて楽しみに満たされて帰りたり」と記している。

留岡は三年ほどで北海道に去るが、丹波に残した足跡は大きかった。福知山では旧福知山藩の士族、綾部では蚕糸家、さらに物部の永井岩太郎などの医師、知識層が大いなる感化を受け、信者は急速にふえていった。

天職と禁欲

プロテスタンティズムと資本主義。綾部の蚕糸業ではこの二つが結びついて、倫理観の高い企業経営を作り出した。この地方で発展した資本主義が、当時の日本では珍しい利潤優先でなかったのはどうしてか。長く興味のあるテーマであった。

たまたまマックス・ウェーバーの著書「プロテスタンティズムの倫理と資本主義の精神」を手にした。大塚久雄訳の岩波文庫である。この本は正直いって難しい。全部を読むのにはひと苦労である。ざっと読んで、訳者が後ろに付けている解説をていねいに読んだ。

ウェーバーは「資本主義の精神」をいうが、この中に「天職」という考え方が出てくる。宗教改革のマルチン・ルターまでさかのぼって「世俗の職業は神の召命であり、われらが現世において果たすべく神から与えられた使命なのだ」という思想である。

そしてウェーバーの考えの特徴は、資本家だけでなく労働者も「資本主義の精神」の担い手に入っていることだ。労働者にも「天職」の意識が必要であり、それを持つのは宗教教育によってである。「資本主義の精神」は貪欲ではない、むしろ禁欲である。

ウェーバーの論文が発表されたのは一九〇五年である。明治は三十七年、鶴吉は郡是の社長となって三年目、生産設備も拡大し、財界の大物、安田善次郎を知った時期である。

鶴吉がウェーバーを読んだとは考えられないが、一七六〇年ごろイギリスの繊維工業にはじまった産業革命はヨーロッパ、アメリカをへて日本にたどりつき、綾部の郡是において、その精神をもわが物とした。

「丹陽教会五十年史」は「蚕糸業と基督教」の章をもうけ、深いつながりにふれているが、鶴吉の信仰の篤いこと、何鹿郡蚕糸業の進歩の目覚ましいこと、「この目覚ましい進歩は指導的立場にありし人々の篤信と物心両面をなす」とのべている。鶴吉は聖書を瞬時も離さず、信仰の話をきくときは熱心にメモをとった。信仰の道にあっては生涯一書生を貫き、ひたすら学んだ。「我は葡萄の樹、なんじらは枝なり。人もし我におり、我また彼におらば、多くの果を結ぶべし。なんじ我を離るれば、何事もなしあたわず」(ヨハネ伝)。恐れたのは神と離れることであり、神の意志に反することであった。

ただ、田中敬造も田野で神仏の信仰と対立したように、教会の活動が綾部ですんなり受け入れられたわけではなかった。お寺の住職から公開討論を挑まれたことがあるし、後年だが綾部に生まれて全国にひろがった大本教とも対立した。

丹陽教会の隣に大本教の本拠が建ち、青年信徒がいきり立つこともあったという。キリスト教青年会の人たちが演説会を開いていると、大本教信徒が壇上を占拠し、弁士を引きずりおろすようなこともあった、(「丹陽教会五十年史」)

そんな中で、鶴吉は争いの前面には出ず、自らの人格を磨くことで答えを出そうとした。鶴吉の思想は、単に外国の宗教を移したものではなかった。鶴吉はしばしば二宮尊徳を引用している。いま、マックス・ウェーバーに、尊徳の報徳主義との重なり合いを見い出す。

鶴吉は報徳主義に傾倒し、ヨーロッパのマックス・ウェーバーを知らなかった。はるかヨーロッパの学説を知る由はなかったが結果的に学んでいた。二宮尊徳は農を基本とし、農民の生活が少しでも豊かになるように、村をまわって指導した人である。何鹿郡の農家の生活を引き上げようとした鶴吉と思いは通じるものがある。鶴吉のキリスト教はハイカラなそれではなく、土に根ざした信仰であった。

一路白頭ニ到ル

毎日新聞で編集委員をしていたころ、夕刊の一面下で長期連載を担当したことがある。テーマは外国特派員、離婚などであったが、一人の先輩記者が留岡幸助のことをとり上げた。この連載はあとで書き足して岩波新書「一路白頭ニ到ル——留岡幸助の生涯」として発刊された。著者、高瀬善夫は同じ編集委員だったが、執筆の十数年前に留岡のことを知り、いかに大きな存在かに打たれ、いつか世に紹介したいとあたためていたという。

本は絶版になっていて、岩波書店には在庫がなかった。神田の古本屋街を歩いて二冊並んでいるのを見つけ、改めて読んだ。留岡は鶴吉が受洗した牧師である。留岡は丹波でキリスト教の伝道に当たった。

付記された年譜では「明治二十一年（一八八八）同志社を卒業、福知山の丹波第一教会牧師となる」とあり「同二十二年、森峰夏子と結婚」そして「同二十四年、北海道市空知の空知集治監に教誨（かい）師として赴く」となる。

本の中で、丹波のくだりはわずか。分量にして二ページほどである。留岡は経験から学ぶことを第一義としていた。「丹波へ行ったら、その土地の人々から学ばなければいけない」と考え、人々と懇談し、村を歩いた。二ページの半分ほどは同志社での師、新島襄とのやりとりである。留岡は神戸で療養している新島を見舞う。

「頭に鉢巻きをした彼は留岡に質問した。『君はいったいどんなふうに伝道活動をしているのかね』『はい、北は福知山、綾部、南は園部、亀岡に至るまで、六つの講義所を一人で担当して、十余里の道を歩いています』『それはたいへんだ。だれかに馬を寄付してもらいたまえ』（中略）。馬があれば二十里の行程が楽になることは、だれにもわかる道理である。しかし、毎日馬に食わせるかいばに事欠くようではどうするのか。先生は情熱の人であるが、どうも経済思想にかけている」

　これは留岡のほとんど唯一の新島批判で、彼は実務家としての片鱗（りん）をすでにみせている。留岡は日本における社会事業家の源流の一人といっていい。彼は監獄の教誨師から、罪を犯した少年たちの更生にかかわり、東京の巣鴨に家庭学校を、さらに北海道の原野に分校をつくる。

北海道家庭学校に建つ留岡幸助の胸像と自筆の座右銘（「一路白頭ニ到ル」高瀬善夫著）

　その目ざすものは「家庭にして学校、学校にして家庭たるべき境遇」であった。同じ場所に家庭と学校は共存し、自然に囲まれる環境を用意した。ときに明治三十三年、日本では例をみない学校は、いまも遠軽町に北海道家庭学校として存続している。

留岡の偉大なところは殺人を犯した男も、刑を終えてから嬉々（きき）として彼のもとで助手をつとめたことであった。留岡は人間に一切の差をつけなかった。彼が頼ったのは人を心服させることのできる人格である。高瀬は「感化力」と表現している。

留岡には肩書きも、勲章も、ましてや金もなかったが、人間的魅力を持っていた。「一路到白頭」は「This one thing I do」を意訳した、留岡の座右の銘である。鶴吉はこのような人物を心の師としていた。

遠軽の大地で

平成八年夏、連載の取材も終わりに近づいた頃、思い切って北海道の遠軽町まで行ってきた。旭川から北へ二時間あまり、オホーツクの海に近い。観光シーズンも盛りをすぎて、人は少なかった。町の旅館に泊まって考えたことは、留岡がこの地にはじめてきたとき、どれほどの荒野であったかということであった。丹波から北海道にきて、さらに北を目指した留岡の気持ちを思うと、志操の高さに打たれるばかりである。

資料を見せてもらったなかに土井洋一著「家庭学校の同行者たち」があった。関連人物事典がついていたが、鶴吉の名はなく、のち郡是の教育を預かる川合信水と田中敬造はあった。大阪教育大の女性が泊まり込みで研究にきており、話を聞かせてもらったが、「綾部に留岡の足跡があるのでいらっしゃい」とすすめた。この家庭学校の生徒は五十一人、いずれも児童相談所、家庭裁判所から送られてきた少年である。窃盗が目立つが、登校拒否や怠学、家出なども重なり合っている。生徒は六棟に分かれて寝泊まりしていて、すべて夫婦の職員といっしょである。夫婦にしたのは留岡の考えである。妻↓母の役割を求めた。家庭学校のゆえんもここにある。

夫婦の部屋から生徒たちの部屋は見えない。棟の端にあるが、廊下を通して監視するというスタイルはとっていない。これも留岡の考えである。生徒には序列をつけず、一人一人を独立した人格として認める。人を善としてみる思想が流れていて、鶴吉にも通じる。

ここでは酪農、土木、農芸などの作業を通して教育をしている。味噌づくりの部もあるし、木工もやっている。途中で何回か失敗をしている。いまも無断外出をして連れ戻すケースはあとを絶たないし、地元では不安を持っている。理想はそのとおり進んできたわけではないが、留岡が土地の払い下げを受け、小作農百五十戸とともに大地を開拓し、地域振興を企画した意図は消えなかった。留岡はまた人間絶対の枠組みをつくり、思想を固めた。

うらの平和山に登り、広大な敷地を案内してもらう。大正八年にできた教会堂は簡素でがっしりしていて、いまや町の観光ポイントである。「難有（ナンアリ）」の扁額がかかっていて、日露戦争の戦利品といわれるピアノが置いてある。マリアの像やロウソクなどの飾りがない。演壇と一輪の花、留岡が日頃唱えていた簡潔、英語でいうシンプルな雰囲気である。

博物館では田中敬造の字と出会った。「我父は今に至るまで働き給ふ　我も亦（また）働くなり」――昭和九年秋月、八十一翁と記している。正面の額である。敬造は綾部から札幌にきて事業を成功させるが、何回か学校を訪れていた。年をとっても働き続ける決意を述べたものだが、神の働きは教えの永遠をいっている。働くとはキリストの道に生きる意味と考えてもいい。敬造が遠軽で留岡と会えたかどうか定かではないが、気持ちは通じていたし、敬造はこの地で心に安らぐものを感じただろう。

帰りぎわ、案内の先生から「当時、他の施設では生徒を番号で呼んでいた。ここでは名前で呼びました。留岡先生の方針でした」ときいた。もう一度、正面玄関前の胸像とむかいあった。台座に「一路到白頭　一日庵」と刻んである。裏面には「留岡幸助先生は明治二十七年　監獄改良事業を勉強する目的をもってアメリカ合衆国に留学　エルマイラ感化監獄に起居して勤続五十二年の典獄ブロックウェーに師事す　ブルックウェーに座右銘あり〝This one thing I do〟先生はこれを邦語に訳して「一路到白頭」となし永く自戒の指針とす　正面の五字は大正十二年の自筆　一日庵は雅号　一日の苦労は一日にて足れりの意」

帰りは女満別空港に出て羽田に戻った。北海道の無限と思える山野から、丹波のあの丸い、穏やかな山々へ、イメージを戻さなければならない。それにしても明治の人たちの意気込みの、強じんで、闊達であったことか。

蚕糸校の設立

明治二十四年、鶴吉は京都府蚕糸業取締所頭取になる。事務所は最初、福知山にあったが、のちに宮津に移った。鶴吉は大江山の峠を越え、九里の難路を歩いて通った。頭取になって鶴吉が考えたのは人材の育成である。明治二十六年、取締所の施設として高等養蚕伝習所を創立した。これが京都府立城丹蚕業講習所となり、城丹実業から昭和二十三年十月には綾部高校農業科となる。

鶴吉は東京にも行き、京都府知事にも会い、資金の工面や教師のスカウトをしている。教師を招へいするために、内村鑑三にも会っている。内村もキリスト教の信徒であった。ねばり強く交渉をしてつれてきたのが福原鉄之輔。内村と同じく札幌農大の出身で、国学院の講師をしていた。

福原は教頭に就任。校舎は熊野新宮神社の裏の二百五十平方メートルほどの敷地に建てた。福原を助けて渡辺義武、山本竹蔵の二人の教師がいた。生徒は府下だけでなく全国からきたが、なかには四十歳をすぎた人もいたという。

鶴吉は大正二年、伝習所以来二十周年の記念講演で、創立時の思い出を話している。それによると渡辺を同道して東京に行ったが「地方としては時期が早い」とか「資金が足りない」とかいって「テンデ話に乗ってもらえなかった」状況であった。

人材の方はなにがなんでも大学出の農学士にきてもらおうと内村を追いかけるが、その紹介で福原がＯＫしてくれた。丹波の田舎まで農学士が赴任してくれるのは異例だったという。

建設費の一部は府からの補助金だったが、それだけでは足りず実兄、羽室嘉右衛門の明瞭銀行から融資を受けた。この借金は生徒の実習などでつくった蚕種が売れて、その利益金で早く返却できたというが、鶴吉はかなり大胆に学校の創設にこぎつけている。

生徒たちは「蚕（かいこ）の書生さん」とよばれたりした。全員寄宿舎で生活したが、はじめは定員割れもあったほど。生糸の糸価が上がるにつれて志願者がふえるという現象をみせた。景気のよいときは養蚕科五十人、製糸科十五人の定員に対し、四百人を超える応募があった。いまの若者と同じで就職のよし悪しを敏感に反映していたようである。

学校の教育方針は「至誠実行」であった。初代の所長である鶴吉が四文字を書き、教室に掲げていた。「我道ハ至誠ト実行ナリ、至誠即神トイフモ不可ナシ、天地ニ、施シテアヤマラザルモノハ至誠ナリ」(「綾部高校創立八十周年記念誌」)

卒業生たちは各地に散り、養蚕の指導に当たった。「粗の魁」と酷評された京都の繭や糸は品質を上げ、改良につぐ改良を重ねて品評会でも好成績を収めるようになった。

新潟の長岡藩に米百俵の話がある。官軍に敗れて貧の極にあった藩に親せきの藩から米百俵が送られてくる。藩士に配ろうとの案が出たとき、学者の小林虎三郎は「食べたら三日で終わりだ。これを基金として学校をつくろう」と説得、人材に投資する。米百俵は海軍元師山本五十六などの輩出によって実を結ぶが、鶴吉にもこの米百俵の精神が宿っていた。教育を基礎におき、大事にする考えは会社創立前から確信となっていた。

第七章　組合が会社に

前田正名の産業論

機は熟してきた。養蚕にはじまり製糸に至る技術が進歩し、他地方を凌駕（りょうが）するようになった。組合の組織は活発となり、学校もできた。そこへ明治二十八年、日清戦争で日本が勝利。産業立国のスローガンが全国に満ち満ちて、蚕糸業も団結の機運がさらに盛り上がる。

鶴吉は何鹿郡全体で株式会社をつくり、大きな力にまとめる必要を感じていた。人にそう説いていたが、具体化となると尻ごみする人が多く、油はしみこんでいるのだが火がついていなかった。

火をつけたのは前田正名である。当時、日本実業会会頭。産業を盛んにすべし、日本の生きる道はこれだと説いていた。前田はもともと薩摩の人。十五歳で長崎に遊学した。前田は長崎で陸奥宗光と親しくなり、激しいライバル意識を燃やす。陸奥は後に「かみそり陸奥」の異名をとり、外務大臣として欧米との不平等条約改正などに功績を残した人物である。前田より六歳年長で、坂本龍馬に愛され、江戸での修学、神戸の海軍操練所などを経て、海軍操練所閉鎖とともに坂本に従って長崎に来ており、前田よりは一歩先んじている感があった。
良きライバルであった陸奥に、前田は国元から送られてきた自分のふとんを与えている。陸奥は当時、ふとんも買えぬほど窮乏していた。だが、陸奥は陸奥で前田からふとんを取り上げたのが心苦しかったのか、金持ちのふりをしてあちこちのふとん屋から見本を取り寄せ、それぞれから少しずつ綿を抜いて自分のふとんを作ったというエピソードを残している。(「前田正名」祖田修著　吉川弘文館)
当時、長崎には、薩摩から中原猶介や五代友厚といった人物が派遣されていた。そしてその周りには坂本龍馬、後藤象二郎、副島種臣、大隈重信、桂小五郎、高杉晋作といった明治維新をなしとげたそうそうたるメンバーが往来しており、前田もその中で次第に幕末の嵐の中に身を投じていくようになる。

全国遊説中の前田正名（明治 27 年）
（「前田正名」祖田修著）

戊辰戦争終了直後の明治二年に、前田はフランスに留学している。その後もパリの万国博、産業視察などで欧米に出張。先進国の産業について学んだ。

明治十一年には薩摩出身の大先輩である大久保利通が暗殺されたが、明治十四年にその大久保の姪石原イチと結婚した。大久保が暗殺されてまもなく、大久保の夫人も亡くなったため、イチは残された子どもたちの面倒を見ていたのである。前田は頼まれて大久保の屋敷に逗留していたこともあり、結婚にいたったようである。このとき前田の親代わりになったのは大隈重信で、媒酌人は松方正義であった。

郡には郡是

結婚後、農商務省の役人として再び欧米視察に出かけた前田は、帰国して「興業意見」を発表する。「興業意見」は、まず農工商業の現状を見極め、海外の事情も参考にしながら、今後日本の農工商業がどのような方向に進むべきか、その指針を示したものであった。前田は地方産業振興のために、農商務省が興業銀行を設立することなどを主張した。しかし、これは松方を中心とする大蔵省勢力の猛反発にあう。松方は政商資本を中心とする大資本を保護し、地方産業の近代化を無視する政策をとっていた。結局、農商務省は松方に屈し、明治十八年暮れ、前田は辞職する。

山梨県知事をへて、明治二十二年農商務省に復帰すると、明治二十三年一月に次官になっている。同年四月には、長崎遊学時代からの旧知の間柄である陸奥が農商務大臣に就任した。しかし、前田と陸奥のあいだには大きな食い違いがあった。薩摩出身の前田は大の政党嫌いであったが、和歌山出身の陸奥は薩長の藩閥政治に反感を抱き政党政治に依ろうとしていた。秘書官の原敬ら省内の反前田勢力は陸奥と組んで、前田の追放運動を始めた。原は前田に対して相当不満を抱いていたようで、日記に「秘書官は事務に関わらないでいいと言われて、わずかな仕事以外にやることがなく、一日中新聞を小説や三面記事までも読んでいる。不平はあるがどこにぶつけたらいいのか。他にも同じような境遇に置かれているものは多く、前田派以外の者、すなわち役人の半分は全く仕事をさせてもらっていない」と記している。「やり手」前田と「切れ者」陸奥が小さな役所の中で並び立つことなどできるわけはなく、間もなく前田は農商務省を去った。その後は全国行脚して持論を開陳した。原敬はのちに政党政治の中核となり、首相になった。「平民宰相」といわれて有名である。

明治二十八年七月、全国を遊説してまわっていた前田が綾部にやってきた。綾部は空前の好況にわき、蚕糸業はブームともいうべき熱気の中にある。講演会には千五百人が集まった。

前田は叫んだ。

「産業上において、一国に一国の方針、即ち国是を定め、その下に府県には府県是、郡には郡是、町村には町村是を定め、それを統合して、国産を奨励し、貿易を盛んにし、外貨を獲得し、日本を富国強兵の国にしよう」。

鶴吉は共鳴した。前田は、この地方において郡是は蚕糸業の振興であることを指摘した。もはや思いは一つになりつつあった。

東国視察団

鶴吉は前田の演説をききつつ「郡是」という言葉を頭の中でグルグルまわしたにちがいない。新しい会社の名前は「郡是でいこう」と。

当初はきき慣れない言葉であった。「丹陽」という案もあったらしいが、鶴吉は断固として「郡是」を主張した。郡是という名前は三つの文字のうち濁音が二つを占めている。音としてききづらいという反対論があったときくが、鶴吉の強い意志が通った。

鶴吉には前田への傾倒からこの名に固執するものがあったのだろう。郡是が成功すると、言葉の響きも気にならなくなった。それどころか県是、村是などの会社が各地に出来たとか。

郡是誕生に火をつけたもう一人は、京都府知事の渡辺千秋であった。渡辺は産業振興に熱心で、府下の有力者に声をかけて蚕糸業視察団を組織した。一行七十二人、空前のスケールで東京、群馬をはじめ一府八県の工場施設などを見学した。

東国蚕県視察団。最前列左から３人目が鶴吉
（「目で見る福知山・綾部 100 年」）

鶴吉はもちろん参加したが、ほかに何鹿郡からは綾部町の大槻藤左衛門、羽室荘治、東八田村の上原文次郎、吉美村の猪間一夫、志賀郷村の村上森吉、佐賀村の大島實太郎、郡書記の川口定正の計七人が加わった。

――「なあ、波多野さん。これで新会社も順調に誕生できるというもんや。東国視察とは渡りに船よなあ」

何鹿郡の仲間は三等車の片隅に座り、ゴトゴトと夜の中央線を東上していた。

「さよさよ。郡内の養蚕家や製糸家もようやく目覚めてきおったし、景気はぐんとようなったよって、資金の方もなんとか都合よくいくやろうし」

「そや、なんと言うても郡内の製糸家を統合する大会社が必要や」

そんな会話を鶴吉は、じっと暗い窓の外に目をやりながら聞いていた。鶴吉は一同の方に向き直って、にこやかにほほ笑みながら、ぽつりと言った。

「村上さん、工場を見学したら、あんたすまんけど、こないだ話しておいたように見取り図をとっといてくださいよ」

村上森吉は首をすくめて笑い、承知したという顔つきをした（「一糸紊れず」）

鶴吉は旅の間、この人たちと意見をかわし、製糸会社の必要を説き、投資をうながした。やがて彼らは郡是創立に参加する。種火となってまわりに広がった。そして、その火は炎となっていく。

発起人会開く

追い風が吹いてきた。日清戦争後の価格の高騰、国や府をあげての産業振興、とくに生糸は輸出の花形である。そこへ核ができた。東国蚕県視察団に何鹿郡から参加した八人は、鶴吉を中心に、いままでいうネットワークを組んだ。「鉄は熱いうちに打て」である。

鶴吉は綾部に戻ってくると、時間をおかず郡是製絲株式会社の発起人会を開く。明治二十八年十一月十日、鶴吉は「目論見書（もくろみしょ）」を読み上げる。（「グンゼ創業史」によると場所は徹桑園）。

一、社名を郡是製絲株式会社と称し、綾部町付近に設置すること
一、資本金は九万八千円と定め、四千九百株に分かち一株を二十円とすること
一、事業の規模は現今本郡の総収繭額三千五百石を一手に引き受け、繰製し得べき百六十八釜の工場を設け、而して本郡蚕業の十年計量即ち当時養蚕家三千五百戸にして一戸の収繭平均一石なるを、二石に進め戸数をその一倍半即ち五千二百五十戸に至らしめ、而して総産額一万五百石まで増加せしむる予定に対し漸次五百四釜まで拡張すべき設計となすこと
一、事業は二十九年新繭期より開始するものとし、もしそれまでに会社成立しかねるも建物器械並びに原料購入等は発起人の責任を以て時期を過たざるよう準備すること
一、本郡内現在の製糸家にして廃業の上当会社の株主となるものは其職工は相等養成料を交付し当会社へ引き継ぐこと
一、会社の性質は株式会社なるが故に固より株主の利益を重んずべきは当然のことなるも

設立の趣旨は専ら蚕業奨励の機関たるにあるを以て特に此の精神により経営すること

何鹿郡奥上林村の製糸家の家に生まれた松井力太郎は自伝「私の歩んだ道」を残しているが、明治二十八年、郡内機械製糸工場は七十二であったと書いている。これが郡是の設立によって「二十四工場を減じ、小製糸の経営は益々困難となり、大なる脅威であった」。松井は十歳をすぎたくらいの子供であったが、いかに対抗するか、家中で心配していた様子をおぼえている。上林、山家の製糸場は郡是に加わらず、競争を挑んでいた。

社員を引きとるだけではなく、養成料を払うというのは競争の原理ではない。この二つの項目を合わせて考えると、鶴吉がいかに共存共栄にこだわったかがわかる。会社は利益をいくら上げるという目標の前に「郡内養蚕戸数を一倍半に、一戸当たりの収繭額を二倍に」という十カ年計画をたてた。

鉄道がやってくる

郡是製絲株式会社の創立趣旨書はいっている。「今や日清の交戦は平和に局を結び……此時に際し京都・舞鶴間の鉄道は既に本員社下附出らるる事となり……我何鹿郡を通過するも両三年を出でざるべし。蓋し此の鉄道が本郡に及ぼすべき利害や果して如何……」。鉄道がもうすぐやってくる。やってきたら、いままでのように安閑とはしておれんぞ。

両丹地方の繭はますます高価で買われており喜ばしいが、これは交通不便なので競争者が入ってこないからだ。地方製糸業者の方は組織がよくなく、利益は上がっていない。

「今日までは交通運搬不便という要害ありしがため僅かにその体面を保つ事を得たりしも一朝鉄道の開通により全域鉄壁と頼みし是等の要害除却せらるるに至っては忽ち敗色を現わし遂には滅尽せしめらるるのみ」。

綾部の人たちにとって、鉄道の開道が黒船であった。バラバラではダメだ。一致団結して、やがて便利な交通を使って襲ってくる大資本に対抗しなければならない。一つのきっかけが鉄道がくることによる危機感であった。鎖国を続け、各藩に分かれていた幕藩体制が黒船の襲来で、いっきに大政奉還、廃藩置県、明治政府の確立にいったように、綾部の蚕糸業も激変を地場資本の統一で受けとめた。がっちりスクラムを組んだ。

郡の公共的な性格を色濃く持っている会社であった。鶴吉自身、大正五年の講演で昔を振り返り「郡長にも頼み蚕糸業組合を初め、町村役場、農会等一致して今後五ヵ年の先きでは何程の繭が出来るかと云う事を調査してそれに応ずる設備をなしてぼつぼつ進んで参りました」とのべている。

当初の計画をたてる場合も、会社独自の方針があったのではなく、郡内の養蚕家が生産する繭の量を見越し、故にこれだけの釜が必要とはじき出した。ここでは組合がそっくり移行した感覚が目立っていた。

「グンゼ創業史」は昭和四十年代、誠修学院にいた山崎隆が編んだものだが、山崎は「郡是であるけれども、株式会社であるという考えかたは誤りで、株式会社であるけれども郡是であるという考えかたこそ、翁(鶴吉)の心にかなった考えかたである」と注釈をつけている。

株式会社だが利益を求めるのではない。その利益は地域がよくなることである。鶴吉は恐らくキリスト教でいう〝天国〟を夢みていたのだろう。立場によって利害の対立なく、だれかがだれかの労働を搾取することのない理想の関係を描いていた。空想と言うなかれ。鶴吉は具体的に志を落としこんでいる。理想の株式会社をつくろうとした。

株にしても、額面を大きくし、大株主によって構成する道はあった。一株二十円、できるだけ多く株主として参加してもらおうというねらいは、いっぽうで事務を繁雑にし、担当社員泣かせであった。社員は連日の徹夜で目を真っ赤にし、鶴吉に泣きを入れた。

鶴吉は「面倒だと言うて大株主ばかり募れば、会社は楽かもしれんが、かんじんの養蚕家はどうなりますやろ？　養蚕家との共存共栄こそ、この会社の設立の目的なんや」と協力を求めた。

　さらに鶴吉は「この一株主がありがたいのや。大株主が多いと配当のことばかりやかましゅうて、真の経営はできん。郡是は当分は損得は考えずに、もっぱら養蚕の方を発達させるつもりや」（「一絲紊れず」）と説いた。養蚕家の出した五円札には血のついたのもあったという。

グンゼ初代社長、七代目羽室嘉右衛門

創業の年

　明治二十九年五月一日創立総会（於・了円寺）、六月一日設立免許、工場の建築成り本開業したのが七月二十八日。郡是製絲株式会社は動きだした。

　工場の規模は百六十八釜、職員二十人、作業者は二百人、購繭数量は三万二千、生糸の生産

株主地域別分布　明治二十九年　郡是製絲株式会社申込簿より作成

綾部町	121名	東八田村	48名	中筋村	38名
以久田村	49	西八田村	21	口上林村	
山家村	20	物部村	77	中上林村	8
吉美村	144	小畑村	16	奥上林村	
志賀郷村	43	佐賀村	17	他郡	15

株主分布　第4期営業報告書より作成

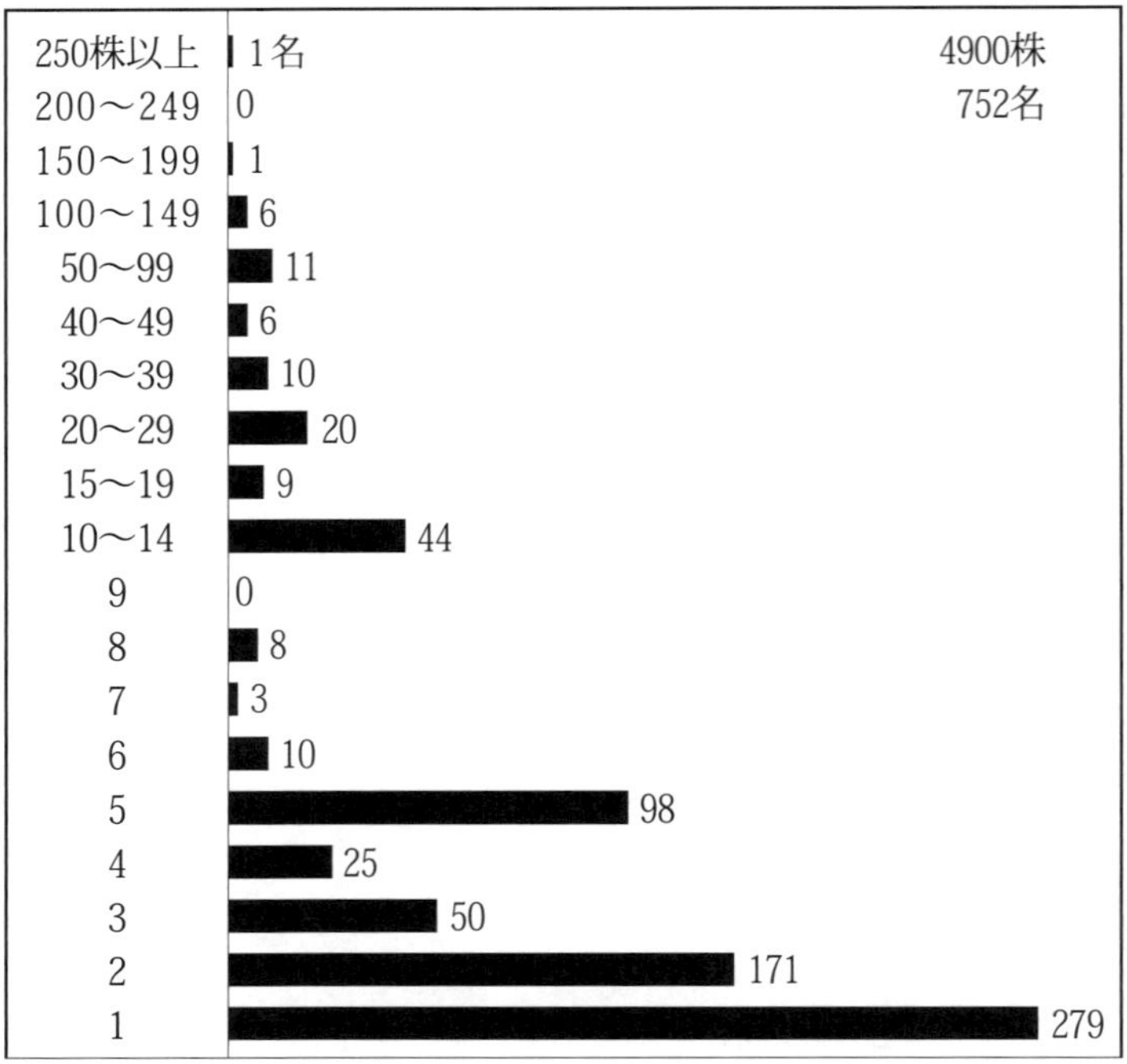

高は三千貫。株主は鶴吉の実兄、羽室嘉右衛門の三百三十五株を筆頭に、百株以上は七人、十株以下が九割五分を占めた。

社長は嘉右衛門で取締役には大槻藤左衛門、猪間一夫、片岡健之助、羽室荘治、遠藤三郎兵衛、それに鶴吉。何鹿郡の製糸家はほとんど参加したが、上林村、山家村の製糸家は合流せず、結束して郡是に対抗した。

明治二十九年という年、日清戦争に勝って景気は浮揚し、政府は金融、農業、商業の法的整備を進めていく。つぎの年には八幡製鉄所が出来ており、軽工業から重工業への設備投資がはじまる。

いっぽうでは日本人のおごりが芽生える時期でもある。アジアに対する尊大な気持ちが帝国主義といわれるようなタネを生み出す。戦後、マルクス経済学者は日本の資本主義が日清、日露の戦争を経て発展していくさまを搾取と収奪の歴史として総括した。

しかし、丹波の山に囲まれた町に、その原則が合わない会社が誕生し、着実に歩みをはじめていた。学者は「そんなことはあり得ない」というかもしれないが、堂々と存在し、しかもその会社は戦後になっても存続し、いまなお繁栄している。この事実を直視しなければならないし、歴史は、予断とこり固まった原則を無理に当てはめてはいけないと知るのである。

取締役に名をつらねたのは郡内の有力者の人たちであった。なかでも大槻、猪間、羽室荘治の三人は鶴吉と東国蚕県視察を同じくした仲間で、旅の間、新会社設立を語り、意気投合したつながりであった。

支配人となった上原文次郎も徳望高く、現業長片山金太郎は勤勉そのもの、鶴吉の片腕であった。かつて上州に派遣された新庄倉之助は社員に対し技術及び精神の指導を担当し、教婦長の国松いまは羽室製糸から引き続いて、工女の養成、指導に当たった。大槻儀三郎は厳格な性格そのままに庶務会計を受け持ち、明瞭銀行頭取を兼ねる社長嘉右衛門、何鹿郡蚕糸業組合長などの要職をこなす鶴吉。この兄弟を支えるがっちりしたスクラムが組まれていた。

これらの人たちは鶴吉のブレーン、軍団といってよく、翁伝では「それは恰（あたか）も戦国の昔、翁の祖波多野秀治が七組七頭の諸豪を配備して丹波の国を固めたやうに、翁は腹心、子飼ひの人々を内外に配置して郡是の牙城を守った」と書いている。

社員はよく働いた。朝の五時から夜は七時まで、ときに十時になることもあった。株の代金を集めるのは難儀であった。一円、二円と細かく集金する。社内では「各戸征伐」とよんでいた。

八月には由良川がはんらんし、工場は水びたしになった。出荷は遅れ復旧に手間どった。

一年目の成績はひどかった。鶴吉はめげなかった。疲労のなかで光明を見たのは製品の評判がよかったことである。

片腕、片山金太郎

郡是の創業前、鶴吉は人材を求めていた。取締役に名を連ねた人たちは名士であり、人望や財力はあったが実務面で期待することはできなかった。実際に仕事ができる「片腕」を欲していたのである。

片山金太郎

鶴吉には、前々から目をつけていた男がいた。鶴吉が作った高等養蚕伝習所で学び、そのころ加佐郡で製糸巡回教師をしていた片山金太郎である。

片山は明治元年、片山卯左衛門の長男として吉美村（現在の綾部市里町）に生まれた。片山家は代々、村の庄屋をつとめ、父も村の戸長をつとめる有力者だった。しかし、父が親類の借金の保証人となり、その肩代わりをさせられたため、家計はかなり苦しかった。片山は母親の実家である綾部町井倉の叔父の家に下男奉公に出された。

奉公先は片山にとっては実の叔父の家ではあったが、普通の奉公人と同じように扱われた。食事のときは一番下座に座らせられ、寝室は庭座敷で、織機（はた）の隣にふとんを敷いて眠った。ふとんはつぎはぎだらけで、中には綿の代わりにボロギレさえも入れてあった。洗濯などもほとんどしていないふとんだったため、そのふとんを被ると垢の臭気がムーッと鼻をついた。さすがの片山もこの臭いだけは我慢できなかったらしく、後になって当時のことを語るときには必ずこの話をしたという。

明治十九年一月、一年ばかりの奉公を終えると片山は暇を取って実家に帰り、しばらくは家で農業に従事した。

明治二十年、何鹿郡蚕糸業組合長であった鶴吉が高等養蚕伝習所をつくるという噂が、片山の住む吉美村にも伝わってきた。父、卯左衛門もその話を聞いたらしく、「お前もせめてその伝習所に入らしてもらえるとよいのになあ」と片山に対し、しみじみと語った。当時、決して裕福とはいえない農家のごくごく普通の若者であった片山が、新設の養蚕伝習所に入学するなどということは夢にも考えられないことだった。

しかし、チャンスは突然やって来た。思いがけなく、片山も高等養蚕伝習所に入学できることになったのである。ほかならぬ鶴吉の計らいであった。鶴吉が片山のどこに目をつけたのかは分からないが、入学者の中には後に鶴吉の後を継いで三代目社長となる遠藤三郎兵衛もおり、郡是の基礎を作り上げた三人がここで出会うこととなった。

コンビの誕生

入学者の中で片山は特に優秀だった。講師をしていた宮川長兵衛は講習中に鶴吉に耳打ちをし、「これだけ若い者が来ておるが、この中で役に立ちそうなのは片山一人でしょう。あの男の桑包丁の研ぎ方は、他の者とは全然違っております」と言ったという。にこやかに片山を見つめる鶴吉の目がキラリと光った。

卒業後、片山は中上林の赫耀社という製糸工場で働き、それから自宅で製糸業を始めた。事業は失敗し、その後は大阪に出稼ぎに出たのち、綾部に戻り製糸工場で働いていた。製糸巡回教師となったのは、この後である。

片山の人柄は清廉高潔。一時、片山が働いていたことのある梅原製糸場の梅原和助は、「あの人は、金の中に入れておいても大丈夫です」とその人柄を高く評価していたという。(「信仰の事業家片山金太郎」大道幸一郎著)

鶴吉は巡回教師をしていた片山を度々訪ね、「こんど綾部で製糸会社を創立することになったから、そこで自分の片腕になってくれ」と頼んだ。本当にそんな会社ができるのか、片山も半信半疑だったが、「波多野さんがそこまで言われるのなら」と決心した。片山は発起人の一人となり、現業長に就任した。月給は十五円。これは創立当時の郡是の最高給だった。片山は郡是のためにすべてをささげた。それを示すエピソードとして、次のようなものがある。

経営がようやく軌道に乗り始めたころ、片山は郡是の大株主になっていた。無理をして責任上やむなく持った株が、どんどん増えていったからである。親族の一人が片山にこう言った。「財産を一ヵ所に集中させておくことはよいことではない。山もあれば田畑もある。株もあれば公債もあるという風にしておくのが一番安全だ。幸いにして今、極めて有利な山林の売り物が出ているから、買っておいたらどうだ」。

これに対して片山は、「なるほど、あんたの言うことはもっともだ。でも、もしその山林を買えば、たまには山も見に行かねばならんでしょう。どうしようもない事態ならともかく、わざわざ自分から山林を買って、郡是以外のことに頭を使うことは会社に対して申し訳ない。どんなにもうかる話があったとしても、私は会社以外のことに頭を使うつもりはありません」ときっぱり断ったという。（「信仰の事業家片山金太郎」）

「私が占いを見てもらった時、北の方から貴君を助ける人が出て成功すると言われたことがある。それが片山君であった」（「八十八年の回顧」小野蔵三著）と鶴吉は語っている。小野蔵三は片山の部下で、のちにグンゼの専務になった人。キリスト教を信仰し、グンゼ精神を実直に継ぐ意味では系譜を同じくした。小野は九十五才の長寿を全うしたがこの話は鶴吉から直接きいたのだろう。鶴吉は片山に絶対の信頼を寄せ、後顧の憂いなく事業を進めていった。鶴吉なくして郡是は存在しなかっただろうが、片山なくして郡是が存在することもなかっただろう。二人は絶妙のコンビを形成していた。

天の声をきく

創業当初から、郡是は鶴吉の方針に従い、片山が実務を取りしきっていた。車にたとえると、鶴吉はハンドルで片山はタイヤであった。二人はそれぞれ役割を分担し、会社も幾多の苦難を乗り越えて、着実に大きくなっていった。

片山は明治三十三年、三十三歳で支配人となり、明治四十二年、四十二歳のときに取締役に就任している。そして大正六年には、遠藤三郎兵衛の三代目社長就任とともに、専務取締役となった。

片山は職責上、社内のあらゆる会合に出席した。しかし自らが最初に意見を述べるということはなかった。必ず全員の意見を聞いてメモをとり、最後に自分の意見を述べた。決して自分の意見を他人に強制することはなかったが、いつも誰もがなるほどと納得させられる結論を下した。それは片山が自分や会社というものに偏った考えに立たず、つねに公平な真理のうえに立って発言したからである。片山はキリスト教を信仰していた。鶴吉と同様に片山の考えの中心にはつねに神がおかれていた。神を中心として、相手と自分の立場を考慮し、そのうえで判断を下したのである。片山の発言と行動には無理がなく、すべて公明正大であった。

こんな話がある。兵庫県宍粟郡安師村というところに郡是の宍粟工場があった。その工場が事業の発展とともに工場を拡張する必要に迫られた。そのとき拡張と同時に隣の山崎町に工場を移転するという計画が持ち上がった。安師村では移転されては村の発展にかかわるため引き止め運動が起こり、山崎町の方では熱心な誘致運動がまきおこった。郡是としては山崎町に移転する方向で計画を進め、工場建設のための資材も着々と準備していた。

しかし、ここで困った問題が持ち上がってきた。山崎町に建設する新工場の場所が、なかなか決まらなかったのである。山崎町は駅を中心に街が二分されており、その両方が二派に分かれて工場の誘致合戦を繰り広げたのである。お互い一歩も譲らず、いつ解決がつくのか全く分からない状態だった。郡是としても、いつまでもこの状態を放って置くことはできず、山崎町の両派の代表者と宍粟工場の担当者を本社に呼び、片山を中心に調停をはかった。

本社での話し合いでもお互いは自分のところに都合のいい主張をするばかり。議論は平行線をたどった。片山はただ黙々と両者の主張を聞き続けた。そして、お互いの意見が出つくしたと思われる頃に、おもむろに話しだした。

「この問題はさよう難しいのですか。私の会社では工場を設置するときには、その土地の方々とよくなじみ、その地方の幸福を増進したいと考えております。郡是が工場を作るために、町の方々が二つに分かれてそういうふうに争われるのでは、工場設置の趣旨にかないません。私の方としましては少し準備をしてしまいましたけれど、この計画は中止することにいたしましょう。これは確かに天の声です。あなたがたの町を乱すようなものを、あなたがたの町に建ててはいけません。これはやはり現在のままでいた方が良いのでしょう。あなたがたの声はこれは天の声であります」。こう言って、片山はいつもの癖で二本の指を突き出した。

一同唖然である。宍粟工場の工場長代理として、この場に出席していた橋本景吉は自分の耳を疑った。新工場の建設資材はすでに準備がととのい、着工するばかりになっていたのでである。ここで移転中止となれば、資材は無駄になり、郡是は大損害を被ることになる。「専務さん、それは本当でございますか」。あわてて尋ねた橋本に対し、「もちろん本当です」と片山はきっぱりと答えた。橋本は片山があそこまできっぱり断言するのならと工場に戻り報告した。報告を受けた工場の者も驚いた。

山崎町でもこの決定を聞いて大騒ぎとなっていた。「内輪もめをしている場合ではない」。これを境に両派の意見は、山崎町全体の繁栄という大目的のために一致をみた。山崎町では工場の敷地として最も適当であると思われる場所を選定し、郡是本社に片山を訪ねた。「今日までのことは、まったく私どもが悪うございました。このたびは町全体が一致して土地を選定しましたから、ぜひとも山崎町の方へ工場を移転していただけないでしょうか」と町の代表は訴えた。これを聞いた片山は、「いや、そうでございましたか。そういうことなら、喜んでお世話になりましょう」と即座に宍粟工場の山崎町移転を決定した。「これが駆け引きであったならば、すごい大駆け引きだが、その計算のないところがまたすごいところである」。「信仰の事業家片山金太郎」の著者、大道幸一郎は記している。

最高のナンバー2

綾部市岡町在住の村上頼之輔（90）は旧制高校、大学と郡是の給費生になっていた。郡是から学費を受け取っていたため、時折、学校生活の様子や学業のすすみ具合を、片山や遠藤に報告しに行っていた。

村上は兄のすすめもあり理系に進んでいたが、専門を何にするかは全く決めていなかった。ある時、片山は訪ねてきた村上に、そのことをたずねた。村上は「生物学をやろうと思っています」と、漠然と抱いていた気持ちを話した。「機械の方へ行ってもらったらいいなあ。郡是は助かるなあ」と片山は独り言のように話したという。

強制された訳ではなかったが、村上の進路はこの一言で決定した。「片山さんは、わしの運命をだいたい決めてしまった人だ」。村上はそう言って笑う。

卒業後、村上は郡是に入り、機械部門・研究部門で活躍した。「片山さんは先見の明がありました。あの時代において、すでに機械の大切さに気付いていたんですから」と村上は当時を振り返り、片山のその先見性に改めて驚いている。村上は取締役研究所長をつとめ、現在はグンゼOBの会、南丘会の大御所的存在。

村上の郡是入社の翌年、昭和九年二月十五日の夕方、片山は綾部を発ち上京した。孫で綾部市里町在住の片山真澄(71)は、このとき九歳だった。前の晩、真澄は祖父と久し振りに同じ布団で眠った。片山から「一緒に寝んか」と誘われたのだ。次の日の朝、片山は「やっぱり大きくなったから、一緒に寝るのはつかれるなあ」と言って出かけて行った。「元気な姿のじいさんを見たのは、それが最後になりました」と真澄は述懐する。

昭和九年二月十七日。全身全霊を郡是に捧(ささ)げた片山は、東京で六十七歳の生涯を閉じた。葬儀の日、郡是本社から片山家の墓のある久田山の上まで、約二キロの道にずらりと花輪が並んだ。郡是の初代教育部長であった川合信水は、葬儀の説教祈禱において片山の人格、業績をたたえた上で次のように述べた。「前社長(鶴吉)の大きいことは、多くの人がよく知っているが、故人もまた偉大であった。これはちょうど二つの明星のごとく、相並んで輝いておる。二人とも丹波の同じ何鹿郡に生まれ、そして郡是の中に生死をともにせられた。後人はこれを考えて、その精神を無にしないようにありたいものである」。

生涯ナンバー2に徹し、ナンバー1を望まなかった片山だったが、郡是史上最高のナンバー2であった。「勇将の下に弱卒なし」。鶴吉のまわりに集まった部下たちは、それぞれ郡是を盛り立てた。しかし、そのなかでもズバ抜けて鶴吉が信頼を寄せていたのは、片山であった。片山あるかぎり後顧の憂いはなかった。

第八章　世界の良品

片腕Ⅱ、四方と渡辺

片山から鶴吉の生涯に時代を戻したい。鶴吉は京都府蚕業取締所の頭取、何鹿郡蚕糸業組合の組合長、城丹実業の前身である高等養蚕伝習所の所長を兼ねていた。郡是には毎日、顔を出していたが、それだけに専念できるわけではなかった。

ただ、この方面でも片腕の存在はいた。組合の関係では四方豊蔵であり、伝習所では渡辺義武であった。四方は長く副組合長として支えた。鶴吉が社長に就任してからは、実質の組合長として事務をとっていたが、「名前だけでも」といって長く鶴吉を外さなかった。四方は自ら「波多野党」と称し、生涯、尊敬の念を持ち続けた。

四方豊蔵

渡辺義武

四方は鶴吉のあとを引き受けて組合関係をとりしきり、のち綾部町長、京都府議などをつとめ、綾部信用金庫の前身、信用組合の創設にかかわった。昭和三十六年、八十五歳で死去。

十七歳のとき、蚕種検査助手として四方とつきあいのはじまった小雲嘉一郎は、四方の追悼集の中で「なにか難問題に逢着せられた時は、必ず波多野翁であったならば、これをどう解決せられるであろうと言って、謙虚に熟慮賢察して誤りなきを期された」と書いている。

四方も明治二十七年の伝習所卒業生だが、伝習所は札幌農学校出の福原鉄之輔を招いて教頭とし、渡辺がそれを助けて軌道に乗った。渡辺は毎国養蚕伝習所の教師をしていて鶴吉に目をつけられ、創立準備からかかわった。渡辺も鶴吉や片山と同じく熱心なキリスト教徒であった。渡辺の人柄を物語るくだりが「一絲紊れず」に出てくる。

渡辺は条件を出す。「高等伝習所を、単なる学理と技術を授ける学校となさるつもりなら、わたしはお引受け致しかねます」「いわば人間練成の道場的伝習所となさること」――これであった。小説の一部を引用すると。

――あんた、それ本気で言うてなさるの?

――勿論です。

――いよう。わが意を得たりとはこのことを言ふのや。わたしも嬉しい。あんたのやうないい先生に来て頂けて、こんな嬉しいことないわ。

鶴吉は理想的な教師を得た思いであった。伝習所は独特の校風をつくっていく。丹陽教会から牧師が講義にきていた時期もあった。学校では「ジェントルマンたれ」と教えた。

渡辺は明治三十七年、鶴吉が郡是に専念するに当たって、二代目の所長に就任する。渡辺は一年足らずで長野県技師に転じ、そのあともキリスト教徒の岩坪時蔵が就く。郡是だけでなく、次代の教育においても蚕糸業とキリスト教の関係は続く。

新庄倉之助、高倉平兵衛も黙々と働いていた。創立当初最大の課題は、技術を統一し、安定させることであった。各地の製糸場から集まった工女たちは、やり方もバラバラ、機械に対しても慣れている人、はじめての人、混乱していた。これを一つにまとめていくために二人は血みどろになった。国松いまをはじめ教婦たちも必死であった。

「事業は人なり」——人材にかける鶴吉の視点は狂いがなかった。

上糸主義

郡是の第一期の業績はよくなかった。由良川の洪水に見舞われたこと、工女の技能の統一に苦心し、工程が遅れたこと、生産費は割高なのに糸の価格はジリ貧で市況はさえなかったなどなど。

悪条件が重なって決算では約六千二百円の欠損であった。一年目だからやむを得ないといってはおれない。資本金の二万四千五百円に対し、四分の一を食ってしまう損である。

しかし鶴吉は暗くならなかった。むしろ明るかった。数字はマイナスであっても、その裏にひそむ可能性を見たのである。マイナスの中に、将来のプラスが輝いていた。


鶴吉はそれを的確に見つけ出していた。プラスとは製品の評判がよかったことである。工女の技術の進歩、安定も目ざましいものがあった。見る見るうちに向上した。鶴吉は国松いまらの教婦が指導している現場をふらりと訪れては、その血みどろの努力を感じていた。第一期報告書はいっている。

「製造上ノ點ニ於テハ従来地方ノ弊風ヲ錬磨シ、一意『親切』ヲ以テ主眼トシ兌々トシテ信用ヲ博スルコトヲ勉メタリ」。

その結果、国内の注文が多くきて、横浜出荷の分も検査の成績は良好であった。「今ヤ本社ハ関西一流ノ製糸場トシテ頭角ヲ現ハシタリ、其直輸出絲ノ如キ亦好評ヲ博スル必セリ、次期ノ収益夫レ期シテ待ツ可キ也」

この報告書でいう地方の弊風とはなにか。かつて「粗の魁」といわれた丹波地方の糸も郡是が関西一流の工場となり、好評を博することになった。「粗の魁」のころ、この地方の糸は「まんじゅう糸」とよばれた。

「グンゼ創業史」では「弊風」について、中身の糸を五百匁（もんめ）の束にし、厚い紺土佐の紙で巻き、元結も非常に太いものを用いたという。

中身よりもまわりを重くしてごまかしたというわけだ。そのうえ束をつくるのに唐糸を入れて、外側をよい糸で包んだ。アン入りのまんじゅう糸とよび、これをうまくやるほどたんまりもうかり、腕がよいといわれた。

悪い評判がたって「丹波の糸は外から見るだけでなく、指で押してみないとわからない」と警戒されたものである。「弊風」とはこのまんじゅう糸の方式をさしていると思われるが、郡是はこの悪習慣を断った。

「親切」という点について「グンゼ創業史」は「従来は糸をひいて途中切断したときに、それをつなぐことはしなかった。また一かせをひきおわったとき、口止めせずひきっぱなしであった。それを鶴吉の義姉、羽室まつえが見て『鶴さん、切れた糸はつなぎ、口止めをしたら使う人はよろこぶんではないでしょうか』といわれたので、鶴吉は『それはよい考えだ』

と採用した。」と書く。

量よりも質の上糸主義は、創業期からはじまっていた。もうかるからはじめたのではない。顧客のことを考えてはじめたのである。この方針は時間がたつにつれて客に受け入れられた。またたくうちに収益につながっていった。丹波は上糸国にランクされ、だれも「糸の悪さじゃナンバーワン」とはいわなくなった。

高収益にわく

平成八年、綾部で同期生の集いに参加したときに、あやべ市民新聞に連載中だった「宥座の器」のことが話題になった。実感したのは、綾部でグンゼに関係していない人間はいないという事実であった。

農家出身の同期生は「蚕のシーズンは大変だった。人間よりお蚕さんの方が大事で、居間や食事をする場所も、蚕棚になって、家族はその下で寝るような有様だった」「臭くて、そのうえ一晩中、ザワザワと音がしてねむれなかったなあ」という体験を語り、子供の頃に桑の実を食べて、口のまわりが紫色になった話に興ずる。「私の家も郡是の株主でした」とか「姉が郡是にお世話になっていました」とかの話も出てくる。

ある友人は「父が上州の製糸会社に勤めていて、ボクは前橋生まれですよ」という。綾部出身ながら、他地域の製糸会社を目ざしたケースもあった。かくいう私自身、疎開で綾部に戻ってきたが、祖父が「波多野党」の四方豊蔵であり、おじ、おばにはグンゼの関係者が多かった。

昭和二十九年綾部高校卒が四十人ほど集まってみると、ほぼ一〇〇%がなんらかの形で郡是に、蚕糸に関係しているというのは、どう考えたらいいのだろうか。この地方がかつて持っていたエネルギーであり、集中力である。おかげで「宥座の器」への関心が高く、筆者としては「ただ感謝」であった。

創業直後の郡是に戻る。第一期は欠損を出したが、第二期から調子が出てきた。利益は三千円。第一期の損失の半分をとり戻した。ついで第三期に入ると八千五百円の利益が出た。第一期の欠損は見事に補って、プラスに転じた。目を見張る好業績である。

すでにこの期に株主に対して一割配当を行っている。第四期は三井物産との取引も始まり、利益は二万四千余円。四割の配当を行うほどであった。

こうなると、周囲の目は変わってくる。信用はつき、会社の周辺は「われも、われも」の感じになってくる。いまでいうと「流れに乗る」、というより「乗り遅れるな」の気分である。

明治三十三年からは機業部を設置、羽二重の製造を開始する。事業を拡大して、大いにもうけようと張り切った――普通の事業家ならそんな展開を読みとるだろうが、郡是の場合はちがっていた。

生糸の生産額は飛躍的にふえた。しかし、釜数はそんなに必要ではなかった。工女の数もふやすどころか余る状況であった。生産性が向上し、機械の性能がよくなり、生産量はふえたのに、人手は少なくてすむ。

技術革新、システム化の効果が早くに現れたというべきか。工女たちの仕事を確保せんとして羽二重に進んだのである。これでもうけようと考えたのではなかった。郡内の繭を最大限使い、工女たちが失職しないようにというのが第一義であった。

鶴吉がつくった漢詩がある。「昔是中糸国　今以上争鳴　経営幾歳月　終始啻（ただ）一誠」。昔丹波は（延喜式）で中糸国とランクづけされていたが、いまは上糸で近隣に鳴り響いている。経営が続くかぎり、いつまでも終始、ただ誠を貫きたい。意訳すればこんなところだろうか。

鶴吉の誠は手堅さにも通じていた。住友家には「浮利を求めず」の家訓があるが、浮利を排し、虚にごまかされなかった。

スキンナー商会

郡是をモデルにした「妍蟲記」は、創業したばかりの会社を「この工場をつつむ空気が、他所の工場や会社と凡(およ)そちがった。ふしぎなものを感じさせる」と描写している。

第一は株主の種類であった。すでに書いてきたように「この会社の株主は九割八分までが、一株、二株の貧しい養蚕家である」。この会社の社長(この本では鶴吉をさしている)はわらじがけで一株二十円の株金を月々一円、二円という月賦で集金に歩いている。

不思議の第二は、その鶴吉であった。いつもモンペ姿で、夫婦して工場の中の長屋に住んでいた。「時々社長が竹箒(たけぼうき)を持って庭や通路を掃くと夫人がそのあとへ手桶でせっせと水を撒(ま)いた」

第三に変わっているのは設備である。「ここには事務所より遥かに立派な女学校のやうな寄宿舎が建てられ、たくさんの教室が附属してゐた」。当時は「あそこは表は工場だが、裏は学校だ」と噂（うわさ）されていた。

第四は繭を買う人たちに対する姿勢であった。社長は彼らに訓示していう。「養蚕家は私にとって大切な株主であり、また可愛い娘の親でもある。決して繭を安く買おうと思わぬように。少しでも高く買うてやること」

著者、山岡荘八は創業期の郡是をこの四つにまとめた。四つとも、当時の会社像とはまったく異なっている。山岡は「ふしぎ」という表現で郡是のユニークさを強調した。

普通の会社と逆の行き方で、一見、もうからない手法をとっているように見えるが、結果はうまくいった。山岡の文章を引用すると「ふしぎに彼の仕事は成功した（中略）他人をよろこばせようと努力する人を他人が嫌ふ筈（はず）はなかった」。

明治三十四年、アメリカのスキンナー商会と特別の約定ができた。その前年、パリで開かれた万国博覧会で郡是の生糸は金賞を得た。世界に誇る良品になった。スキンナーは当時のアメリカではもっとも強力な絹の会社であった。この会社と取引できることは羨（せん）望の的であった。

そのきっかけは、品質にあった。スキンナー商会の社長がある日、日本からの輸入倉庫の中の生糸を調べていた。一束、実に良心的なものがあった。「どこの製品か」と調べてみると郡是のものである。社長は直ちに横浜の貿易商社に連絡し「今後注文する生糸はすべて郡是のものを」と指示する。

取引がはじまってから、この商会のきびしさには郡是側がたじたじとなることがあった。少しでも不良品が見つかると、不良部分にカードが巻きつけられて「再びこんなことがないように」と注意してきた。きびしさが製品を鍛えた。

鶴吉には「よい人がよい糸をつくる」「信用のある人が信用のある糸をつくる」という信念があった。彼の残した教訓「一、心が清ければ、光沢の多い糸が出来る。一、心が直ければ、繊度の揃うた糸ができる。一、心に平和があれば、ふしのない糸が出来る。一、心に油断がなければ、切断のない糸ができる。一、自ら省みて恥ずるところがなければ、力の強い糸が出来る」は、すべての物づくりに当てはまり、人間関係にも応用できる。

安田善次郎

安田善次郎。第二次世界大戦前、四大財閥といえば三井、三菱、住友、安田であった。その安田財閥を一代にして築き上げた男は、天保九年（１８３８）に越中富山藩の下級武士の子として生まれた。下級とはいえ武士の家に生まれた安田が、商業の道に進むことを決心した理由はなんだったのか。七十三歳のときに刊行した「富之礎」（とみのいしずえ）という口述書には、次のようなエピソードが紹介されている。

幕末当時、各藩の財政状態は逼迫し、どの藩も豪商からの借金に頼っていた。富山藩も例外ではなく、大阪の豪商から金を借りていた。その豪商の使用人がお金を運んで富山にやってくると、藩の高官がおおぜいの伴を引き連れて、城下のはずれまで出向いて迎え、帰りも同様にして見送った。このときの衝撃を安田は、次のように語っている。「百姓町人は、殿様はおろか、物頭に会っても、雨中でさえゲタを脱いで土下座しなければならない。ところが町人でもお金を貸していれば、勘定奉行が城下はずれまで送り迎えをする。お金の威光とはたいしたものだと感じた」。

十七歳のとき、安田は武士を捨てる決心をして家出をしたが、その時は父親が猛反対し家に連れ戻した。しかし、安田の決心は変わらず、何度も父親に頼み込んだ。「もうこれからは武士の世の中ではないんです。身分が低くても、金のある者が世の中を支配する。わたしも下級武士のままで終わりたくない。江戸に出て金もうけがしたいんです」。熱心な説得に父親もようやく了承した。十九歳になった安田は期待に胸ふくらませ、勇んで江戸に出た。

江戸に出た安田は住み込みの小僧として、玩具問屋と海苔屋兼両替屋で六年間はたらいた。そして苦労してため込んだ五両を元手にして、露店の両替商として独立した。露店というのは、元手が少なかったための苦肉の策だったが、珍しがられてけっこう客もつき繁盛した。金融財閥といわれた安田財閥の中心、安田銀行（現在の富士銀行）も元は露店の両替商から始まったのである。

安田善次郎

一年後には人形町に小さな店を持ち、安田屋と名乗って商売をはじめた。小僧をしていた海苔屋から海苔などを仕入れて、両替をしながらこれらのものも小売りした。こちらでの儲けはあまり考えず、仕入値同然の価格で売ったため、遠方からも客が訪れた。そして、二十四歳のときに店を両替業専門にし、名前も安田商店と改称した。

　当時、幕府の力は衰退し、政治は乱れていた。財政悪化に苦しむ幕府は悪貨を鋳造し、交易によって外国からは洋銀が流れ込んでおり、通貨も乱れていた。当然、治安も悪化しており、物取り、強盗なども横行していた。金が集まる両替商などは格好の獲物だった。幕府が古金をつぶして新貨幣を鋳造することを計画し、両替商に古金の回収を命じたが、これに応じる業者は全くなかった。金を大量に集めれば、襲撃の標的にされる危険性が高くなるからである。財産を失うことはもちろん、生命の危険にまでさらされるのを恐れたのである。安田はこの古金回収を引き受けた。これを大きなチャンスとみたのである。回収資金はなかったが、幕府に掛け合って三千両の貸し下げを受け、この危険な事業を見事にやりとげたのである。やがて倒幕の嵐がまきおこり、世の中はますます乱れたが、安田はこれを追い風として着々と蓄財を続けた。

最大の金融集団

安田をさらに飛躍させるきっかけとなったのは、明治の新政府が発行した「太政官札」という紙幣であった。財政難を乗り切るために発行したものであったが、紙幣は不人気で、誰も受け取りたがらなかった。価値はどんどん下落し、政府のあいまいな金融政策がその下落にさらに拍車をかけた。とうとう紙幣は貨幣の四割の価値にまで下落した。

安田は官札を買い集めた。人々は安田商店に殺到し、百両の紙幣と四十両の貨幣を交換した。そのころ両替商の顔役として、政府筋につながりのあった安田は情報をつかむのが早かった。「いずれ政府は紙幣の価値を上げる施策を断行する」。安田には確信があった。明治二年五月、政府は「紙幣を安く評価したものに罰金刑を科し、これを密告したものには賞金を与える」との布告を出した。同時にそれまでの不換紙幣は兌換紙幣へと改められた。紙幣の地位は回復し、安田は巨利と政府からの信用を得た。

明治十三年には安田銀行を発足させた。そして明治の終わり頃までには、銀行二十行、生命保険、損害保険など二十九社を支配する日本最大の金融集団をつくりあげ、この集団は安田財閥と呼ばれるようになるのである。戦後の財閥解体で安田財閥の名は消滅するが、いまも安田火災、安田生命などに名を残し、富士銀行はグループの中核でもある。

大正十年、安田は大磯の別荘に来て、寄付を強要した北一輝の流れを組む男に暗殺された。八十四歳であった。「金の出し惜しみをするから殺されるんだ」という人もいたが、それは当たらない。教育振興のために東大にも多額の寄付をしている。死後東大に完成した講堂は「安田講堂」と命名された。日比谷公会堂建設にも寄与している。スケールの大きい金持ちだったが、もうけるだけでなく使う方も豪快だった。「国のために真に金を使ってみたいと考えていた安田翁に、心ゆくまで金を使わせてみたかった」。東京市長の後藤新平は、安田の死を知り、しんみりとつぶやいたという。

社長の草むしり

この安田と鶴吉の関係は、小説を読むようである。実際、「一絲紊れず」も「妍蟲記」も、このエピソードに数ページをさいているが、二人の人格のふれ合いが郡是の危機を救ったと考えると、トップの人間力がいかに企業経営の重要な要素であるかがわかる。

郡是の取引銀行は当初、明瞭銀行であった。鶴吉の実兄、羽室嘉右衛門ら綾部の有力者が出資し、経営していた。これが破産したあとは福知山の百三十銀行支店が相手になった。百三十銀行も日露戦争の最中に破綻（たん）し、政府の要請で安田が整理に乗り出した。

安田は明治三十七年八月、福知山にきている。調べていくうち、郡是という会社に無担保で一万五千円という多額のカネを貸している。支店長は「確実な会社です。波多野という社長はなかなかしっかり者で、決してご懸念には及びません」と言う。「どういう会社だろう?」。自分の目で確かめたい。つぎの日、支店員の大原直次郎に案内させて綾部の本社を訪ねた。

鶴吉は事務室の前で草むしりをしていた。小雲嘉一郎が郡是六十年に当たってまとめた「波多野鶴吉翁小伝」では、安田は鶴吉を社長と思わず、取り次ぎを求めたとある。

これに対して「私が波多野です。今日はあなたがお出で下さるということであるから、綺(き)麗にしておきたいと思って……さあ、どうぞこちらへ」と案内した。

鶴吉はわざとやったのではない。粗末な木綿の着物を着て、草むしりをしたり、ほうきではくのは日常の習慣であった。夫人の花がかいがいしく手伝うのも、いつもの風景であった。「小使いさん?」と間違える人もいた。勝海舟は「人が人を見る標準は見る人の識量にある」といい「(坂本)竜馬が西郷(隆盛)を評する言葉は、そのまま竜馬自身の人物を評する言葉である」と述べている。

安田は一瞬のうちに鶴吉の人物を見抜いた。それは安田の識量の大きさでもあった。語りあったのち「波多野さん、あなたの会社とその精神はよくわかりました。金融のことは何の御心配に及びません。この安田が引き受けました」安田はそう言い残して綾部を引き揚げた。

これより下ること約十年。大正三年、糸価の大暴落で郡是が苦境に立ち、鶴吉は東京に出向いて安田を訪ねる。鶴吉は丹陽教会で涙の祈りを捧（ささ）げて出発したといわれる。

病床にあった安田は鶴吉を部屋に通し「波多野さん、天気の日もあり、雨の日もあります。安心しておやりなさい」といった。綾部へ戻ると、百三十銀行の支店には「万一の場合は郡是を救え」との指令がきていた。

第九章　工場の学校

フィランソロピー

ある時期、企業フィランソロピーという言葉が流行したことがある。フィランソロピーは博愛と訳されたが、企業が社会の一員として責任を果たし、貢献するという利益第一主義から質的な転換をはかるすすめであった。バブル期の反省から生まれた言葉でもあったが、グンゼはすでに創業期からフィランソロピーの精神で経営していた。

以前、学者や企業人で構成する「企業環境研究会」(国民経済研究協会内)で、この話をしたら「へえ、そんな会社があったのですか」と感心された。「あったんですよ。私のふるさとに」というと、彼らは「あやべ」という地名を反すうしてくれた。

アメリカに進出した工場も、地域社会とのつきあいに苦心している。どの州でも歓迎はされているが、問題がこじれるとバッシングに転じる。フィランソロピーの精神と活動は、危機管理の一つであり、保険という考え方も成り立つ。日ごろの心の交流が大切だが、グンゼのケースは、地域との共生の極致である。いまこそ、グンゼの原点に戻るべしと思う。そこから日本の企業は学ぶものが多いはずだ。

こういう論じ方は、日本の良心的な企業人の耳目を引く。研究会では「そのグンゼがいまも繁栄を続けている。ここが大事なのだ」ともいった。ますます「あやべ」は反すうされたことを書いておきたい。

さて次のテーマは「正量取引」である。これも鶴吉の思いの具体化であった。当時、繭の取引は見本取引が一般的。

やり方は養蚕家がそれぞれ見本の繭を提出し、これを一定の場所に集める。購入する側は見本を調べて等級、価格を決める。見本の繭は封をして受取所に送られる。養蚕家は後でそれぞれ現品を持って来て、見本と照合され、検査して合格品が受け入れられるのだが、養蚕家の方も見本には当然いい出来のものを選んで持ってきて、なるべく高値で買い上げてもらおうとする。そのため見本と現品が同じということは全くと言っていいほどなく、合格するのは一〇～二〇%というから率は低い。不合格品は持ち帰らせる。不合格品が多いので、当然検査もひとつひとつ細かくする必要があり、なんとも手間がかかり、両者の間には手練手管が入る。おどしたり、だましあったりという状態で、誠意ある取引というのは望むこともできなかったし、おまけに繭を受け入れるときの混雑といったらない。

正量取引の開始

鶴吉はこの状況を見るにつけ「改革の方法はないものか」と考えていた。鶴吉の心情からするとこの状態は忍び難い。ここで考え出されたのが「正量取引」であった。この取引は特約取引ともいわれ、契約を結び、繭を村の組合単位などでまとめて持ち込ませ、糸にしてみてから、科学的な鑑定方法で繭の品質を評価し、かけひきや相場の状況だけで価格を決定するのではなく、高品質の繭にはそれに見合った高い値をつけるというものであった。そのうえ明治三十八年には原料繭改良奨励規程を設け、郡是の要求する改良を行い、繭を一手に集めて販売する組合に対しては便宜を図ることとした。

これまでは良い繭はなるべく安く、悪い繭であっても場合によってはそこそこの価格で買い取っていたため、養蚕家としても繭の改良には力が入らなかった。しかし、これからは良い繭を作れば高く買ってもらえるわけで、郡是の買い入れる繭の品質はどんどん向上していった。

また、鶴吉は繭買いを専門にしている人たちには「郡是精神」を説いた。購繭員心得には

「養蚕家ハ社長ノ愛子ナリト心得親切ニ取扱フベシ」とある。「買ってよろこび売ってよろこぶ取引をせよ」ということで、「品行を慎め」「威張るな」「競争するな」「衛生に注意せよ」ということから、「酒ヲ呑ムナ」ということまで記した。精神は徐々に浸透していった。

明治四十二年、吉美村から会社に「村の産繭を一ヵ所に持ち寄っておくから取引してもらいたい」といってきた。会社は「村の委員の手で評定して会社へ送って下さい」と答えた。村では「それでは勝手すぎるから、会社のだれかきてほしい」といい、吉美出身の担当者が一人出向いて取引が成立した。

これが正量取引の始まりであった。「波多野鶴吉翁伝」の著者、村島渚は「養蚕製糸共存共栄の精神を父とし、両者の誠意より発する絶対の信用を母として生まれた」と書いている。

この取引の特徴はよいものを高く買ったことである。品質はよくなる。クオリティに神経を使う。改良につぐ改良にカネがついてくる。当たり前のようだが、当たり前のことを実行する偉大さがあった。

創立時工女出身地域別 工女名簿より作成

〔旧工女〕

綾部町出身	37名
吉美村	24
中筋村	21
山家村	17
小畑・物部村	15
西八田村	15
以久田村	10
東八田村	6
口・中・奥上林村	5
志賀郷村	2
佐賀村	1
何鹿郡	153名

天田郡	16名	（内何鹿郡内製糸から11名）
加佐・与謝・熊野・氷上郡	13	（〃 9名）
他郡	29名	計（20名）
合計	182名	

〔新工女〕

何鹿郡内	20名
〃 郡外	4
計	24名

〔付属工女〕

何鹿郡内	6名
〃 郡外	1
計	7名

哀史はあったか

昭和三十四年、大学の卒業論文を書くためにグンゼ創業期に働いていた女性何人かとお会いした。

明治の製糸や紡績では「女工哀史」のイメージがあった。細井和喜蔵は大正十四年にこの本を出したが、戦後も岩波文庫に収められ読みつがれた。明治三十二年には横山源之助の「日本之下層社会」が出ており、ここにも女子工員のルポルタージュがのっている。

戦後の本では「あゝ野麦峠」（山本茂実著、朝日新聞社刊）が信州の製糸工女を描いている。飛騨の女性たちが野麦峠を越えて岡谷の製糸工場に働きに行く。労働はきびしい。雪の峠で一人の工女は「ああ飛騨が見える」といいながら息絶える。

この本は映画になり、大竹しのぶが主人公を演じた。日本の資本蓄積期、悲しくもいじらしい女性たちの身の上を思って、映画館で何回も涙をぬぐったことであった。

著者の山本茂実は、製糸業が生か死かを分けるギリギリの経営を求められたきびしい業界で、生死業といわれたほどだったこと、工女たちの労働条件は確かにひどかったが、彼女たちが実家で働くのと比べると楽であったことなどにふれている。甘い顔をしていては企業が持たない。その側面を見ないと一面的になると書いている。

郡是の場合は様子がちがっていた。明治期の郡是を知っていた小雲嘉一郎も健在でインタビューに応じてくれたが、「中農以上の娘さんが花嫁修業のつもりで工女になったものです」と話していた。

創立時の、工女名簿によると旧工女（製糸の経験ありの従業員か）百八十二人のうち、綾部町三十七人、吉美村二十四人、中筋村二十一人、山家村十七人などで何鹿郡出身が百五十三人を占めていた。他郡からは二十九人で、大半は郡内の娘さんであった。

鶴吉は工女たちを大事な株主の娘さんであり、大事な養蚕家の娘さんであり、身内だと考えていた。きびしくしつけたが、成績が悪いからといって解雇はしなかった。「哀史」にあるようなイメージとはほど遠かったといってもいい。

工女を第一に

しばし卒論に戻ると「工女もほとんどを養蚕家の子弟に求めた。各村の村長、区長が仲介者、保証人となって申込んでおり、申込みは各村毎に一まとめとなっているのも多い。志賀郷村では役場で申込みを受付けた記録も見られる」。社員も組合からの移行組が多く、組合が会社に変わったという感覚であった。

当初は旧工女、新工女の分け方をしていた。旧は製糸場で働いていた人たちだが、その割合は約八五％、綾部町・中筋村旧工女では梅原製糸場二十三、堀利七同二、羽室同七、由良新左ヱ門一、不明七だが、この四つの製糸場主はいずれも株主、廃業して会社に参画し、工女を引き連れて入ったと考えられる。

創立当時の綾部町出身工女の家庭資産の程度を調べてみた。綾部町地方税戸数割賦課額等級簿によると、第十五等が一戸分で平均を示す。平均以上の家庭出身者（九等～十五等）十八人、平均以下（十六等～二十等）十四人、無税六人である。平均以上は四七％でほぼ半数。中流の出身者がかなりを占めていたというのは数字で裏づけられており、中で田野村の田中五右衛門は十五株、福山弥之助は五株、他に株主は八戸を数える。養蚕家であり、株主であり、かつ娘を工女に出しているという家庭が当り前であった。ここでも自分たちの組合が会社に移行したという感覚があった。

卒論を書いていたころ、「日本史研究」には「何鹿製糸業は貧窮のどん底につき落され而も小作制によって土地にしばられた郡内貧農層のチープレーバーによって発展し……」という論文がのったことがある。この筆者は綾部にきて調べたのだろうかと疑問に思った。頭で考えた筋があらかじめ決められていて、言葉を当てはめただけの文章である。まだ未熟な学生の分際ではあったが、これが天下の歴史学かと学問に不信感を持ったものである。

もちろん、郡是がヒューマニズムにあふれた天国のような会社だったとは思わない。激変する経済状況のなかで、生きていくにはきびしい労働もあったし、手練手管もあっただろう。関東の製糸業に比べて労働時間は短かかったといわれるが、それも密度濃く、効率よく、集中的に働くシステムだったからかもしれない、高品質の製品を目ざす会社の方針からいうと、当然のシステムであった。

しかし鶴吉は心底、働く人を第一に考えていたように思う。明治四十一年の講演で「打算よりも人道を重んず」とし「我会社では利益があると配当を成るべく多く取らず職工の賞与に重きを置くのである」といっている。

当時、会ったのは創立当時の工女さんであった。八十才を超えていたが記憶は確かであった。その人たちが異口同音に「花嫁修業をしに行った」「学校にやってもらった」といっていた。働くというより、花嫁学校のつもりであった。しかもやめるときは、準備資金を手にして、新家庭に入った。中で働いていた人たちが「逃げたい」とか「地獄だ」とか思っていなかったのはきく限りでは事実だった。

もちろん、学生であった私は明治二十九年の工女規程に「(12)給料年末支給　給料ノ十分ノ一ヲ貯蓄セシムル」「(14)貯蓄金ハ満期退場ノ節還附スルモノトス、但シ正当ノ理由ナク中途退場スルモノハ貯蓄金ヲ請求スルノ権ナキモノトス」と明記されているのをとり上げ資本主義の限界と突いている。工女教育を大事にしたのも、とりようによっては機械化する資本がなく、ならば働く人の質を高める以外にないという経営の選択だったかもしれぬ。コトは単純ではないが、鶴吉の考えは光彩を失ってはいない。

新聞の連載がはじまって間もなく、綾部市岡町在住の上野カネエ(72)から手紙をもらった。昭和十二年に入社した女性だが、「郡是の教えは私の人生行路に深くきざまれて今日になった」とあり、いまは「心の目を開いて人様のために」と結んであった。この手紙は郡是が教育の場であったことを感じさせてくれる。

働きつつ学ぶ

あの時代に、これほど現場の従業員の教育、それも一般教育や精神講話を含めた授業に力を注いだ会社があっただろうか。

「郡是製糸株式会社六十年史」によると、郡是の従業員教育は創業の翌年、明治三十年十月に工女に対して夜学が始められたのが最初である。事務担当の辻村良衛が修身、読書、算術などを教えた。裁縫も教婦長・国松いまの提案で、教婦たちが町の裁縫所で学んできて、工女の有志に教え始めた。

明治三十一年には、吉美の小学校教師・四方千代吉を嘱託にして夜学を開き、教育専門家による教育が始まった。三十五年には裁縫教師を嘱託にして休番の工女に昼間、授業を行うようになり、三十七年に大道はなを初めて専任教師として採用した。三十六年、丹陽教会に内田正牧師が就任すると、鶴吉は内田を信頼して従業員の精神教育を委嘱した。

明治四十二年、川合信水の入社と共に教育部を設け、郡是女学会などを開設し従業員教育の向上をはかった。

大正二年には教育部に師範科を設置した。最初の師範科生は岡田繁子、佐藤春子、梅垣しか、村上はる、吉田静枝である。当初の師範科教授課程に正規のものはなかったため、信水や清水重治、羽室ことゑにより不定期に行われる講話が中心だった。

大正三年一月二日の川合の日記には「岡田繁子、佐藤春子二氏ト語ル」とあり、その後もひんぱんに講話をしていたことが記されている。

大正四年になるとほぼ毎日「清水岡田佐藤三氏ト」「岡田佐藤二氏ニ」または「佐藤氏に精神上の話ヲナス」と記されている（「佐藤春子」基督心宗教団事務局）。信水が郡是の教育の中心となるべき彼女たちの指導に力を注いでいた様子がうかがわれる。

大正二年十一月、教育部は見習教婦養成講習会を開催して教婦育成を始め、五年には工女養成科を設置した。

会社の教育が軌道に乗ってきたため、大正六年に郡是女学会を発展的解消し、府の認可を受け私立郡是女学校を設立した。十三年には改めて府の認可を受け、誠修学院を設立した。

誠修学院は、師範科、教婦養成科、工女養成科から成り、師範科は一年、教婦養成科と工女養成科はそれぞれ六カ月を修業年限とした。

師範科を卒業した者は、教育係として各工場に派遣され、工女に対し修身や裁縫などの教授にあたった。教婦科への入学者は工女のなかから選抜され、卒業後は各工場での工女の技術指導を行った。

小学校を卒業してすぐ郡是に入社した新入工女は、まず工女養成科で郡是精神をみっちりたたきこまれた。

郡是の女子工員は、最初は一般業界と同じく「女工」と呼ばれていたが、これがいつしか「工女さん」に変わり、昭和十四年七月に「業生」と改められた。働きつつ学ぶということである。

「表から見れば工場、裏から見れば学校」と言われたように、郡是はまさに学校であった。前述の上野カネエはこの「学校」の卒業生である。

わが社の精神は愛

郡是は工場の顔をした学校であった。鶴吉は幹部に対して常に「一度会社に入れた以上は、自分の娘として入れたわけであるから、どんなことがあっても退社させず、よく面倒をみて立派な人に仕立てなければならぬ」と言っていた。（『郡是製糸株式会社六十年史』）

綾部市睦寄町に住む佐堀すがゑ(86)は誠修学院師範科を卒業後、福知山工場勤務を経て昭和七年に朝鮮半島の大田工場に教育係として配属された。

言葉も通じない慣れない土地での生活に、佐堀は早く帰りたいとそれだけを願っていた。そんなある日、佐堀は一つの光景を目撃した。反抗的でなかなか指導に従おうとしない工女の母親が、娘に面会するためにやってきたのに立ち会ったときのことである。母親は涙を流してわが娘を抱きしめ、お湯に手をつけっぱなしの糸ひきでしわしわになった娘の手を握り、「こんなになって、可哀（かわい）そうに」と決して離れようとしなかった。

この様子を見た佐堀は「どんな娘にも世界一大切な母親があり、その母親にとっては、世界一かわいい娘なんだ」と親子の愛情について改めて認識し、決していいかげんな気持ちで指導することはできないと感じたという。

昭和九年、佐堀が大田工場から離れるときに、六百人いた工女が五円ずつ出し合って送別会を開いてくれた。工女たちは「厳しかったけど本当に勉強になりました」と佐堀の手を握りしめ、別れを惜しんだという。

同僚は「あんたは、あんなに工女さんたちを追いかけまわして叱（しか）っとっちゃったのになあ」と不思議がった。

「おあずかりしている大切な娘さんなのだから、心から愛さなければならないという気持ちで接すると、いくら叱ってもついてくるものだということがわかりました。そのことを郡是で学ばせてもらったことは、本当にありがたいことでした」と佐堀は語る。

教育部設置に際し、初代教育部長の川合信水が抱負として述べたなかに、次のような一節がある。

「わが社の教育の根本精神は愛と信です。愛する心がなければ、深くものの道理を究め、又真に人を知ることは出来ません。母親がその子供の泣くのを聞くと、これは腹が空いて泣くのであるか、眠くなって泣くのであるか、病気で泣くのであるか、能（よ）くこれを聞きわけます。これは愛が深いからであります。子供の為に、他人のまねをすることが出来ぬほどの骨折りをして厭（いと）わぬのは、同じく愛が深いからであります。又信ずる心がなければ、教育など出来るものではありません。会社の教育は困難であるという人がありますが、自分は真正の教育を施せば、どんな人でも遂には善美の人となることができると信じる者であります。」（『郡是製糸株式会社六十年史』）

「会社の精神は愛なり」という鶴吉の思想は、信水の指導により従業員のなかに浸透していた。その思想は崇高なものであった。

川合信水の教育

綾部市舘町在住の伊藤婦志枝（89）は、誠修学院師範科に学んで川合信水の教えにふれた。伊藤の家には信水の書「信望　愛学　謙勤」が掲げてある。信水九十四歳のとき書いたものである。

伊藤の接した信水像は「気品のある神様みたいな人」であり、廊下で信水の姿をみると、脇に寄って通りすぎるのを待った。頭を下げていると音もなく歩いていった。いま、信水の写真を見ると、眼光は鋭く、豊かにヒゲをたくわえ、背筋を伸ばして、一点の不正も許さない姿勢である。

信水は明治四十二年に郡是に招かれた。鶴吉は同時に教育部をつくった。信水があって教育部は設置されたのであり、信水という人間を得なかったら、もし設置されたとしてもちがったものになっていただろう。

信水とは加藤真士（「基督教世界」主宰）の紹介によって会った。鶴吉は高い人格を持ち、キリスト信仰に篤い人物を教育の責任者にすえたいと、いろんな人に紹介を頼んでいた。

信水は前橋の共愛女学校の校長を経て独立、東京で伝道に当たっていた。当時、四十三歳、鶴吉の九歳下であった。信水は招待を受けて三月に綾部へやってきた。鶴吉は会議を外し、信水と半日以上かけて話し合ったという。

「グンゼ創業史」を書いた山崎隆は信水の直弟子というべき人で、あと教育部の柱となったが、山崎はその日の二人のやりとりをつぎのように書いている。

鶴吉「当社の女子従業員は、その父兄から預かっている大切な人たちであるから、この人たちを教育し、立派な人として、お返ししたい」

川合信水

信水「従業員をよくしたいと思われるなら、先ず第一に、あなたご自身がよくならなければなりません」

鶴吉「先ず私からご教示を受けたいと思いますから、どうぞおいで願いたい」

信水は郷里の山梨県に父がいるので相談したうえ返事したいとのべ、一カ月ほどの時間をおいて着任した。

鶴吉は信水に約束したことを実行した。信水の講話をきくときは、生徒の一人として耳を傾け、メモをとった。年長であることも、社長であることも捨て、信水の前では一書生を貫いた。

鶴吉の言葉に「百人繰りの会社の社長が十の人格者でなければならぬとするならば、その会社が発展して千人繰りになれば、社長の人格も百にならねばならない」というのがある。会社が大きくなって、成功者といわれてもみじんもおごるところはなかった。信水の前でますます謙虚になった。

信水がきてから、会社幹部のための修養会、社員のための講演会、年配の女性のための婦人会なども組織された。若い工女だけでなく、教育があまねく行きわたった。いまの生涯学習といっていいだろうか。

鶴吉は社格という表現を使っている。人に人格のあるごとく、会社に社格がある。これを高めたいといっていた。現代でいえばグッドカンパニー、社格を高める努力を信水と二人三脚で進めた。

九十五歳の説教

信水は九十五歳まで生きた。郡是には四十二歳から六十八歳まで、二十六年間いた。鶴吉が存命中は、教育の大任をまかされ、鶴吉と隣り合わせの社宅に住んで自分の信念を存分に実行することができたが、鶴吉の死後、必ずしも郡是の経営陣とぴったりいかなくなった。さらには専務の片山金太郎の死後、完全に浮き上がって会社を去ることになった。

もともとキリスト教の信念に生きる人だから、企業の発想と合わないところがでてくる。信水は「自分の中に神が入りこんでいる」と思っていた人で、独特の小さな宇宙を持っていた。郡是という企業の論理が支配する大宇宙の中で、小宇宙が自転しはじめると、当然のごとく方々でぶっつかる。

信水は九十五歳のとき、自らの打ちたてた基督心宗の信徒である山内美代の死に際して説教を行っている。「私が三十何年の間実行して参ったことを破って自分の経験を生かしたい」とし、生い立ちから信仰に入った経過、そしてまったく珍しいことに郡是での重役たちとの葛藤（かっとう）も語っている。なぜ郡是を去ったのか、についてものべている。人生の終点を前にして、最後の思いを信徒たちに残したのである。

信水は郡是にいたころから基督心宗という宗派をつくっていた。信水は開祖である。この説教の中でも『基督心宗などいう宗旨を立て、精神的に郡是を乗っ取ってしまう野心家』といいふらし、仲間をつくって排斥する人々が起こった」とのべている。

信水は「しかし、私は一つも弁解しない。孔子は諸国を歩いたが、何処にも容（い）れられずして、自分の国に帰ったのが六十九歳であったので、私も二十何年骨折って働いたし、自分はこれ以上働く体力も無くなったから、来年は丁度孔子と同じ歳だから、同じ様な風に引っ込んでろと考え、無論病気でありましたから、その故を以て此処（郡是）を辞して帰った」と事情を説明している。

信水は鶴吉との関係で郡是の教育に力を注いだが、その後はかなり厳しい批判の中にさらされたらしい。どちらがどうかの判断はできないが、昭和に入り郡是が成長してくると信水の強烈な信仰に基づく教えはやや浮いたものになったのは確かのようである。

この事実は正確に見なければなるまい。かといって信水の評価が急落したというわけでもない。信水が残したものに社訓がある。信水は鶴吉に頼まれてつくったと話している。

鶴吉は二宮尊徳の教えである「至誠、勤労、分度、推譲」を引き、報徳教の人たちがこの四カ条を守るように郡是においても「一同が守って行くべき信条をつくってもらいたい」と希望した。信水は尊徳の教えを守っている村々をまわり、何度も手を加えて社訓の文章をつくった。

説教の中で本人が話しているところでは「勤労でも研究、協力でも、恭倹でも、皆誠が其の中に入るべきものにした」「それを貫くのに完全の信仰と、完全の人格と、完全の勤労と完全の貢献とした」。大正三年「誠ヲ基トシテ最高ノ天道ヲ信ジ……」にはじまる社訓が制定された。

昔はどの小学校にも建っていた二宮金次郎の石像（綾部市鍛治屋町の旧豊里西小学校）

報徳主義を信ず

戦前や戦中に小学生だった人たちには、二宮金次郎（尊徳）の石像はおぼえがあるだろう。薪（たきぎ）を背負って本を読みながら歩いている姿であった。車の激しい現代では考えられないが、家の手伝いをしながら読書をする勤勉を絵に描いたような像である。

二宮尊徳は一七八七年に生まれ、一八五六年に亡くなっている。江戸末期の農村指導者にして思想家。相模（現在の神奈川県）の生まれで、よく農村を歩き、農民に道を説いた。

尊徳の生家が残る小田原市栢山には、その偉業を紹介する「尊徳記念館」がある。小田急線の富水駅と栢山駅のちょうど中間にあり、徒歩で十分ほどのところである。休日を利用して見学に訪れた。

観覧料の二百円を払って会場に入り、順路にしたがってみていくと、少年期からのエピソードがアニメや等身大の人形を使って見られるようになっている。紙や筆などを買えなかった尊徳は字を練習するために、手文庫の中に砂を敷き、そこに棒で字を書く「砂文字習字」で勉強していた。その手文庫の複製品により、参観者も実際に「砂文字習字」が体験できる。「砂文字習字」をしてみたが、字は書きにくいし、書いた字は読みにくい。これで勉強をするのは相当に根気が必要だったことだろう。

記念館の隣には、復元された尊徳の生家が残っており、自由に見学することができる。生家は九坪ほどの土間と同じく九坪ほどの板の間、そして八畳の和室六畳の板の間からなっている。総建坪は約三十一坪である。板の間には囲炉裏があり、土間には農機具などが壁にかけてあったり床に置かれていたりする。この家は尊徳の祖父が建てたもので、祖父が父に家督を譲った頃は二町三反ほどの田畑を有する中流農家だったため、当時の中流農家の様子を知る貴重な資料でもある。

尊徳は軍国主義の教育に利用されて戦後は石像も片づけられるハメになったが、実は「農民それ自体の中からその生活経験をもとにして生まれた思想として、彼の思想は注目に値する」（「徳川思想小史」 源了圓著 中公新書）ものであった。

鶴吉は尊徳の唱える報徳主義を信じていた。キリスト教の信仰に報徳主義が溶け合っていた。鶴吉は講演の中でも尊徳の考えをよく引用している。ズバリ、タイトルにしているのは明治四十三年十月、中筋村での講演だが「報徳主義と養蚕法」の題である。

鶴吉は報徳主義とは「至誠を本として、勤労、分度、推譲の四徳」を柱にした教えで、この主義はいまや全国に普及していると認めている。ただ報徳主義は実行することが大事で、実行する人は少ないという。養蚕の技術をわが物として、崇高純潔なる人格、至誠の心情をもって、はじめて真の養蚕家といえると力説する。ここで主張しているのも技術は高い人格によって活（い）かせるということで、鶴吉が繰り返し説いてきた内容になっている。

この講演からさかのぼること約二年、明治四十一年八月の京都府農会主催による報徳講演会では郡是をなぜ創立したか、創立して以来の浮き沈みを語ったのち自分の会社の消長は、何鹿郡の盛衰にかかわっていることをのべたうえで「将来いかにしたならば、その使命を全（まっと）うすることを得るかということにつき、しきりに研究して見ました結果、二宮先生の報徳の教を守るにしくはないと考えた」といっている。

鶴吉は報徳主義の具体的なあらわれは社長も労働者と同じように働き、労働者の待遇をまず第一に考慮することと受けとめていたようである。この講演では前に紹介したように「わが会社では職工の賞与に重きを置く」とのべているし、「このようにしております故、徳の薄い私共のような者が社長となっていましても、職工が各々其業に励むようになった」とのべている。

尊徳の教えは、報徳社ともいわれる全国的組織によって広まった。その教えは農業経営に合理的な発想をとり入れ、生産性を上げる試みでもあった。鶴吉はひたすら農村を愛し、大和魂を忘れなかった。その心情が尊徳とピタッと重なったのではないか。「二宮翁夜話」は聖書と並んで彼の愛読書であった。

第十章　発展の道

国是への転換

明治の三十年代の終わりから四十年代になって郡是は経営の拡大をみる。一つは別会社を持ったこと。一つは何鹿郡以外に進出したこと。一つは創業に加わらず、まとまって対抗していた上林の製糸会社を吸収したこと。

この三つは郡是の発展であると同時に、企業の質的な転換をうながすものであった。鶴吉の心の中では、郡是精神の拡大であり、信州などから攻めてくる大資本に対する防衛の気持ちが強かった。よい心（物）をより広くという伝道の発想であっただろう。

明治三十九年、口上林の圓山製糸、中上林の赫耀社を買収して最初の分工場にした。四十一年には「群小製糸場ヲ統一シテ大々的組織ノ経営ヲ促ガシツツ」「自彊不息(じきょうふそく＝休まずつとめ励むこと)ノ精神ヲ以テ其ノ機ノ熟スルヲ待チ、一大飛躍ヲ」と高らかに宣言した。郡是から国是へ、現代風にいえばナショナルブランド、全国区へ乗り出す決意を表したのである。

四十二年には播州の宍粟製糸場、天田郡雲原の織田製糸場、上六人部村の共進社製糸場などを買収し、同じく分工場にした。播州は兵庫県であり、この時点で府外にも進出したことになる。

四十三年には園部、和知に工場をおいた。鶴吉は宍粟の製糸場を「買わないか」と持ちかけられたとき、自らの心がゆれたことを「誠心」三十四号に書いている。鶴吉は率直に「惑うた」という。

二万円かかった工場を一万二千円で買えるという話だから割のいい商談である。しかし鶴吉は、すぐには飛びつかない。「待てよ」と考えた。利益本位にやっては「必ず怨（うら）みを招く」。名誉本位でも同じだ。

「しからば、何を目的として引き受けるか。目的がなければ引き受けることが出来ぬ。いろいろと数日の間考えた結果、広く養蚕業を愛するということが目的であると思うた」。

鶴吉は何鹿郡のやり方を宍粟郡に当てはめる。郡の人たちとの共存共栄をはかる。全国に工場のネットワーク

執務中の波多野鶴吉（明治44年）

が伸びても、考え方は同じである。この原稿を鶴吉はこう結んでいる。「ただ、ここに至って深く考うべきは、これが経営者その人を得るや否やの一事である」と。

規模が大きくなれば、それだけ大きな人物がいるし、多くの人材を必要とする。鶴吉はそのことに思いを馳（は）せ「もし、自分以上の人が現れ出ずるならば何時（いつ）でもその人に、自分の位置をゆずることをちゅうちょせぬ」といっている。

鶴吉の姿勢ほど強いものはない。名誉にも金にもポストにも執着がないからだ。自分が持ち続けている信念に反するなら、いつでも身を引く。

西郷隆盛が政府の顕職をあっさりと投げ出し、薩摩に帰って、郷党の士にかつがれる。戦いは負けであると知っていながら、かつぐ人を裏切らない。当時の政府を預かっていた大久保利通や山県有朋にはなんとも困った相手であった。

鶴吉にも無欲の強じんさがあった。ただ西郷と違って、「郡是でなくなる」という俗論に動じず、時代の先を見ていた。

開化の音高く

明治は終わりに近づいている。郡是は大きくなった。もはや何鹿郡内にとどまっていない。明治三十六年、資本金一万円の合名会社・大成館を設立。原蚕を飼育し、各地に販売する会社であった。鶴吉が社長を兼ねて経営に当たったが、会社設立に至ったのは郡内の蚕種の評判がよく、品切れとなるほどだったので、ますます質を高め、全国に打って出ようとしたためである。

上林の製糸場は郡是の創立時に参加しなかった。むしろ対抗する道を選んだ。上林は鶴吉が羽室家から養子にきた土地である。村人が追いかけるのを振り切って京都を目ざした土地でもあった。その上林が明治三十九年以降、つぎつぎに軍門に降（くだ）った。

松井力太郎は郡是に対抗する奥上林の製糸場に生まれた。のち郡是の社員となり、鶴吉に心酔したが、八十八歳の松井の口述をまとめた「私の歩んだ道」では「考えてみれば郡是は大敵であっても、波多野社長は神様のように尊敬している方であるので、事情を開陳してご指導を仰ぐこととし」と語っている。

かくして郡是は郡内を統一し、郡外へ、京都府外へと工場のネットワークを広げる。明治末における郡是は、生産拠点の拡大、上林製糸場の買収、別会社の設立という三つの柱を築いて、経営の質的転換をはかった時期であった。

大きくなればなるほど創業の精神はどこかへ行ってしまう。鶴吉の心配もそこにあった。歴史の中に教訓はいくつもある。

当時の日本がそうであった。明治という志の高かった国家が日清・日露の戦争を経て、いつしか肥大化し、抑制がきかなくなって暴走をはじめる。鶴吉は国家と自らを照合したわけではない。彼の心に大正から昭和へ、回転していく国家像はみえていない。

綾部も大きく変わりつつあった。明治四十三年八月、京都線が開通、綾部は交通の要衝となった。おかげで種々の機関が集まるようになり、国立原蚕種製造所も支所をおいた。他に府、郡の組合事務所、城丹蚕業講習所、府の原蚕種製造所もこの地で活動しており、綾部は蚕糸業の一大センターといえた。組合には蚕桑図書館が付設され、珍しいセンチュリーの大英百科全書がおいてあった。講習会用には、だれも見たことのない大声蓄音機が購入され、レコードをきかせた。養蚕の講習会はこの音を聴きたさに一般の人まで集まったという。

自転車も普及した。明治三十年ごろに外国人が二人、自転車に乗って綾部を通り、舞鶴方面へ向かう途中で梅迫あたりで休憩をした。人々は初めて見る自転車に驚き、黒山の人だかりになったというが、明治三十二、三年ごろには、酒造業を営んでいた羽室荘治が「カイクリ」というブレーキのない自転車を綾部に持ち込んでいる。明治三十六年には物部出身の永井平作が、上町に綾部で最初の自転車店「永井バイシクル店」を開いた。永井は「自転車は文明器中進歩第一なり、自転車はゼータク品にあらず経済品なり、自転車に乗らぬ人は二十世紀の人にあらず」と宣伝した。

ランプは明治二十年ごろから綾部で使われた。あんどんにくらべて非常に明るかったため、養蚕飼育にも利用された。ランプは下に影ができる欠点があったが、これを改良した下向きランプが登場した。側面の金属製の油つぼから石油を入れ、筒の部分が煙突となって上から煙を出し、本体と油つぼの中間にあるネジで芯の調整をするようになっていた。現在の電球のように上からつり下げ、養蚕飼育にはこれが使われた。

電話は明治四十二年一月、各町村役場間に敷設することになったが、建設費が巨額で町村では負担できなかった。竹沢郡長は鶴吉に相談し「寄付してもらえないか」と頼んだ。鶴吉は総工費一万二千八百円のうち、四千五百円を寄付し、架設を成功させた。郡長は「全国的にみても、非常に早かった」と鶴吉の積極性を高く評価し、感謝の気持ちをのべている。最初の加入者は綾部町で官民合わせて六十口であった。ちなみに電話番号の一番と二番は郡是である。

グンゼの社長、会長をつとめ、現在は顧問の遠藤源太郎は、鶴吉の性格のうち「新しいものをとり入れる勇気」に感じ入っている。鶴吉のおかげで、当時の綾部は他と比べて文明開化の進んだ地域になった。そのころは進取の気に富んだ町であった。

明治の終わり

明治天皇の崩御とともに明治は終わり、大正がはじまったが、当時の日本人にとって厳格な父の死のような感慨があった。

「十九世紀のアメリカ東部に展開したプロテスタンティズムという精神の社会が、いまのアメリカ合衆国とじかにつながっていると見るよりも歴史の中で独立し、ときには連鎖せずに孤立しているとみるほうがより親しみぶかく感じられるように、明治国家を、ある時期の世界史にそういう国があったとみるほうがわかりやすい」。（「明治という国家」司馬遼太郎著）

世界史からみても、まれな国家を建設した先人たち、明治の終わりはひたむきに前へ進んだエネルギーの失速を感じさせたかもしれない。鶴吉と郡是は、この時代に誕生し、発展した。丹波の山に囲まれた町で、人々が想像した以上の発展をとげた。

「波多野鶴吉翁伝」は、創立当時（明治二十九年）と明治末（四十四年）との比較を試みている。

それによると払込資本金は二万四千五百円から十二万円になった。工場の規模は一工場百六十八釜が八工場千七十一釜に。ほかに玉糸の百十釜。従業員は職員二十人、職工二百人が職員二百人、職工千七百人に、ほぼ十倍の増加である。

原料（繭）の購入は九千五百八十六貫が三十八万七千五百二十五貫に。生糸の生産高は八百十貫から三万五千三十二貫。それぞれ四十倍前後になる。収入は三万六千百三十三円が二百三十一万百十七円へ。いかに目ざましい成長をしたか、数字がよく示している。

かつて丹波は人々が足の引っ張りあいをし、小成に甘んずると批評されたことがあるが、この成果は丹波人気質とはまったく逆の大成を目ざした一致団結の精神から生まれたものである。

忘れてならないのは波多野鶴吉というリーダーの持っている積極的な性格である。丹波の人間が一夜にして性格を変えたと思わないが、進取の気象に富んだ指導者を信頼した。それが明治の郡是であり、何鹿郡であった。

「綾部？　どんなところ？」ときかれると「ええ、グンゼ発祥の地で、大本教の生まれたところ」と答える。大体の人が「ああ、そうなの」と納得してくれる。グンゼと大本は綾部を説明する場合の、二大ブランドである。

この時期、大本も飛翔しようとしている。明治二十五年、何鹿郡本宮村の出口なおが神示を受け、大本教を開き、亀岡から出口王仁三郎が加わって組織を拡大した。明治四十三年、本宮山の麓（ふもと）に神苑の造営がはじまった。

大正八年ごろには壮麗なみろく殿、教主殿、黄金閣、金竜海、山上には神殿と数々の建造物が立ち並び、教勢は海外にまで伸びた。大正十一年には第一次の弾圧を受ける。大本もまた明治末から大正にかけて、発展の歴史をたどった。郡是とほぼ歩調を同じくして。ただ大本という宗教が綾部になぜ生まれたかを考えると、グンゼの場合とやや矛盾する。出口家は明治の大変動を正面からかぶり、貧乏の極に落ちた。明治維新直後には新政府にがっかりした人たちの一揆も起こっている。夫の人の好さ、子だくさんなどの特別な理由はあったが「三千世界の立替え立直し」を叫ばざるを得ない不条理が山間の地にも押し寄せていた。歴史は必ずしも一筋縄ではいかない。大本とグンゼには、民衆に依拠し、ユニークな発想によったという共通項はあったが……。

私事ながら父、源太郎の生家は大本教の開祖、出口なおの家の隣りであった。いまのみろく殿前にあるご神木、樫の大木は源太郎の家にあった。幼少の頃、木登りをしてハラハラさせた代物であった。二大教主、すみが生まれたとき、なおは乳が出ないほど衰弱し、源太郎の母みつえが代わって乳を飲ませた。この縁からか源太郎はすみの夫にあたる王仁三郎にかわいがられ、本宮山にいっしょに登って少年雑誌のクイズを解いてもらったりした。この源太郎が親せきのいるアメリカに渡るかどうか迷ったとき、相談に行ったのは鶴吉のところであった。父は死のときまで王仁三郎と鶴吉のことをよく話した。

私事を重ねさせていただくと、母きく枝は鶴吉が蚕糸業組合長だったとき、副組合長として鶴吉を助けた四方豊蔵の長女である。豊蔵は「波多野党」と称するほど鶴吉に心酔していたが、この父と母の間に生まれた私は大本教とグンゼの結合を感じていた。

倒産の危機

時代は大正に入っている。綾部の年表をみると明治四十四年には並松の遊船がはじまり、大正元年には電灯がついている。同二年には花街・月見町が開町。なんとなく花やいだ雰囲気がある。鉄道や電話も開設されており、綾部でも文明が身近なものになってきている。

郡是は大正に入っても好調であった。それが二年、三年と最大のピンチを迎える。工場の火災と世界の不況である。火災は大正二年四月十九日、本工場汽罐室より出て、建物十一棟を全焼し、器械や原料、製品なども焼いて損害は三万一千円であった。

鶴吉たちが辛苦の末に築いた工場が灰になった。じっと火を見ているうちに、へたへたと体が崩れそうになったことだろう。火勢はおとろえない。花も鶴吉も同じ気持ちだった。二人で力を合わせた会社だった。花もぼう然と立っていた。

「花子! 花子! お花は振りむいた。——退（さが）れ! 退らんか! そのとき、轟（ごう）然たる音響とともに、眼の前の一棟が崩れ落ち、黒煙のなかからひときわ赤い火焔（えん）の舌がめらめらと立ちのぼった」（「一絲紊れず」）

損害は確かに大きかったが、立ち上がりは早かった。大正元年、二年と空前の業績をあげ、資金が豊富だったから、手当てができた。鶴吉は「復旧は立ちどころや。すぐに建築にかかろう」とハッパをかけ、折から来社中のジョセフ・スキンナー（スキンナー商会主）を焼跡につれていって「すぐにすばらしい製品をお見せします」と約束した。

大正三年、第一次世界大戦がはじまる。為替相場も、海上保険料も高騰し、生糸の人気は急降下、業界は操短に踏み切り、いっぺんに沈滞ムードになった。

郡是は前年の好況により割高で原料を購入したのに製品は暴落、つくるほど損をする状況で欠損は三十万円にのぼった。十五万円の積立金で穴埋めして、損金を半分にしたものの、十五万円は当時の資本金と同額、「普通の会社なら倒産じゃ」といわれた。

この非常時に従業員は給料の一部返上を申し入れた。取締役の片山金太郎からこの話をきいた鶴吉は「そうや、この会社をつぶしてはならん。何としても復活させなならん！」と決意する。従業員の気持ちが鶴吉に勇気を与えた。

この時期、鶴吉はしばしば丹陽教会を訪れている。ひたすら祈りをささげていた。牧師の内田正は「丹陽教会時報」に書いている。「私は十数年以来、未だかつて翁の涙を見たことはありませんでしたが、その時こそは会社を思はるる心の奥底より、実に貴い熱涙を以て祈られました」。

会社は増資を決定し、銀行に支援を頼み、郡是は立ち直る。鶴吉はこのときの教訓から、ますます信用の大切さを説く。「第一になくてはならぬものは中心人物の信である」。信があれば資本は人が貸してくれる。資本があれば繭は買える、と。

大正三年十月の講演では「儲（もう）けたいと思う者は、儲けるのではない」といった。神の心に適（かな）うとき、会社は復活したという。

第十一章　小柄で上品

鶴吉に会った人

鶴吉は大正七年に亡くなっている。今（平成九年）から約八十年前だ。そのため、鶴吉に会ったことのある人で、今なお元気な人はほとんどいない。しかし、取材を続けるうちに生の鶴吉を「見た」人に遭遇した。貴重な証言である。

一人は綾部市川糸町在住の出口さと(92)である。「私の話がお役に立つかどうか」と前置きして、グンゼの思い出を次々と語ってくれた。

出口は十四歳でグンゼに入社している。最初の勤務地は岡山県の津山工場である。津山に連れていかれたとき、彼女は学校に行くのだとばかり思っていた。工場で働かされることがわかると、三日三晩泣き通したという。仕事などできる状態ではなかった。

かわいそうに思った工務主任・田中八之助などのはからいで、特別に半年間、午前中だけではあったが外の学校に通わせてもらうことになった。「もう、うれしくて、うれしくて、学校までの松並木の道をカバンをぶんぶん振りまわして、駆けていったことをよく覚えとります」と、出口は懐かしそうに笑う。

入社の年、彼女は修了式で新入工女を代表して賞状をもらっている。その賞状を手渡した人物こそ、当時社長であった鶴吉である。「波多野さんから賞状をもらったときの感激は、この年になっても毎日わきあがってきます」と出口は語る。

出口にとっての鶴吉の印象は「背の低い上品なおじさん」であった。グンゼの初代教育部長であり、鶴吉自らも師事していた川合信水にくらべると、社長とはいえ気楽な存在だったようだ。「川合先生と廊下ですれ違うときは、最敬礼で足元だけを見てあいさつをします。川合先生が通り過ぎられてから、ようやく後ろ姿を眺める程度でした」と川合信水について語るときは、今でも居ずまいを正す。

一方、鶴吉については、「波多野さんは、洗面器と手ぬぐいを持って、お風呂に行かれる姿なんかをよく見かけました」と親しみをこめて話してくれた。

鶴吉の孫で現在東京に住む瀧野初子(83)は祖父・鶴吉の思い出として、「大阪から郵送してきていた新聞の帯封で輪を作って、そこから私の顔をのぞき、『バアーッ』とあやしてくれた記憶があります」と語ってくれた。

何鹿郡蚕糸業組合の副組合長で鶴吉の片腕だった四方豊蔵の二女、伊藤婦志枝は学校から帰ると、父に牛乳を届けていたが、たまに鶴吉がいたときには、「嬢や、ごくろうさん」と声をかけてくれたやさしい笑顔をよく憶えている。

もう一人、鶴吉と直接会った人に話を聞くことができた。綾部市若松町在住の西村美起子(91)である。西村は、鶴吉と旧知の間柄でありグンゼの創業にも大きくかかわった高倉平兵衛の二女である。現在の高倉有光社社長の高倉信正の伯母にあたる。

西村は子供のころ、よく鶴吉の社宅にお使い物に持っていかされた。応対に出てくるのは、たいてい花夫人だったが、時には鶴吉が出てくることもあったという。西村が子供心に感じた鶴吉は、落ち着いた声で話す小柄な人というものだった。出口の印象と一致している。

高倉平兵衛は背は高いほうで、鶴吉とは対照的だった。しかし、鶴吉と同様に新しいことに挑戦するのが大好きだった。綾部で最初にレンガ造りの蔵を建てたのは彼である。

〝新しもの好き〟。ここが二人を結びつけた共通点だったのかもしれない。

花に会った人

花は昭和三十二年まで、九十六歳の長寿を全(まっと)うしたが、夫が成功し、社長夫人となり、あるいは楽隠居となっても質素であり、謙虚であった。生活のスタイルは死ぬまで変わることなく、聖女のように安らかに生涯を終えた。

花に関しては生前会った人が何人かいる。綾部市川糸町在住の荒木初枝(82)は昭和二十八年の由良川洪水のとき、引揚寮にいて浸水にあった。同じ寮の二十人ほどを連れて、上野の波多野家へ避難した。

一晩泊めてもらい、水がひいたので家へ戻ると、花の使いの人がおにぎりを届けてくれた。荒木はみんなで食べた、あのおにぎりと花のやさしさをだぶらせて思い出す。

グンゼに勤めていた四方より子(79)＝京都市西京区、山本たつ子(89)＝綾部市味方町＝は工場や寄宿舎のランプの掃除をしていた花をおぼえている。

波多野家を継いだ林一の長女である瀧野初子(83)は花について、「厳しいおばあちゃん」だったという印象が残っているという。ある日林一が、「明日は休みだから、高浜に行って貝拾いをしよう」と提案した。子どもたちは大喜びで、家族全員で出かけることとなったが、翌朝になって、花が「私はいろいろやることがあるから行かない」と言い出した。花の意見は絶対であった。高浜行きは中止となった。

花は孫たちの中で、林一の二女鶴子を特にかわいがっていた。花は鶴子が乳離れをすると、それからは毎日一緒の部屋で寝た。鶴子の母寿恵子が、鶴子に食事の後片づけを命じると、自分が代わって片づけたりもした。鶴子は一度結婚したが、夫と死に別れて波多野家に戻り、それからは花が亡くなるまで一緒に暮らした。昭和三十二年夏に花はそうめんをのどに詰まらせて亡くなったが、このときも隣に座っていた鶴子の方にコロッともたれかかるようにして息を引き取ったという。

身体が弱かったということもあるが、長女の初子は会社の行事があったり、会社の人が家に来るということになると、なぜかきまって風邪をひいたりして体調を崩した。そのため会社の行事などには、明るく元気者だった鶴子がよく代わりに出席した。

鶴子は鶴吉の亡くなった日の前日に生まれたため、鶴吉の生まれ変わりであるということで、鶴の一字を取り鶴子と名付けられている。亡くなったのも鶴吉と同じ六十歳であった。

「祖母は妹の中に祖父の面影を見ていたのでしょう」と初子は述懐する。

綾部市上野町に住む波多野道(70)は林一の長男、一郎の夫人である。道によると花は「ちっちゃいおばあちゃん」と呼ばれていた。林一の夫人、寿恵子は「おおきいおばあちゃん」と呼ばれていたという。花が小柄だったためそう呼ばれたのだろう。

花は熱心なクリスチャンで、朝五時に起きて教会に行き、草むしりをしていた。林一の二男の茂弥がクリスマスに友だちを連れて帰ってきたときには、「神様がプレゼントをくださった」と喜んだという。

年長の故をもって一番のお風呂に入ったが、出てくると「お先でございました」とあいさつした。考えられないくらい腰の低い人であった。夏、おひつの中のごはんが少し臭くなっていたので寿恵子が捨てようとすると、花は「もったいない」といって自分が食べお腹をこわしたこともあったが、道が見聞したおばあちゃん像は、信仰心の厚い、礼儀正しい明治女性の鑑（かがみ）のような人であった。

エピソード

グンゼの社内報「ぐんぜ」では平成八年の八月号で「創業時代の郡是を語る」を掲載した。出席者は西垣藤松ら十六人、司会役は専務の波多野林一。昭和十一年、創立四十周年を記念して開催された座談会の内容（一部）である。当時は調査課の発行する「郡是時報」にのった。

十六人は創立に関係した人や、創業と同時に入社した人たちがほとんどである。中には組合で鶴吉と行動を共にした四方豊蔵や株式募集の事務を担当した内藤辨太郎、工女から教婦になった大槻かね、四方はるなどの名がみえる。

内藤が鶴吉のエピソードを話している。事務所の新築当時、庭に垣をめぐらせたが、鶴吉の実兄で初代社長の羽室嘉右衛門は「塀の板をまばらに張れ」と命じる。鶴吉は反対で「板を全部に張れ」という。

羽室の考えは事務所から仕事場の様子が見えるようにして、従業員が目を盗んで怠けることのないようにとの意味がこもっていた。鶴吉は「人を叱（しか）ったり、見て使ったりするようではどうもならん」と考えた。「ご兄弟で長時間激論され、遂に板をひっつけて塀を張るようになりました」

鶴吉のいい分が通ったのだが、このエピソードを読んで、北海道遠軽町の家庭学校を訪ねたときのことを思い出した。鶴吉が洗礼を受けた留岡幸助の開いた学校には塀もなければ、カギもない。非行少年が生活している教護施設である。

前に書いたように、各寮には職員（先生）がいっしょに住んでいるが、先生の居室から生徒の住んでいる部屋は見通せないようになっている。始終監督しているというのでは生徒たちも息がつまるだろう。鶴吉の考えと同じものがこの学校にも流れていた。

鶴吉の趣味はなんだったのだろう。道楽というようなものはなかった。文章を書くのは好きであった。筆まめであったという。手紙の返事はきちんと出す人であった。いくつかを読むと、鶴吉がいかにていねいな性格であったかがうかがえる。省略することがなく、かなり長い手紙もいとわずに書いている。「波多野鶴吉翁小伝」の著者である小雲嘉一郎の息子、一志の家には、鶴吉自筆の手紙が残されている。鶴吉が繭買い人であったと思われる西村弥吉という人物にあてたものだが、「さなぎを殺す代金と送料は先方に負担してもらうように」などと細かい指示を書き送っている。

鶴吉は大正四年から文章を口語文にした。元来、漢字を余分に使わず、平易な文を心がけていた。相手にわからせようとする精神からいち早く口語文にいったのだろうが、文章においても新しい感覚を持った人だった。

日誌から

鶴吉は日誌を残している。ただし見つかっているのは明治四十一年以降、死の直前までである。一部欠落があるので十年分に満たない。四十一年以前につけていたのかどうか、恐らく経営も安定し時間の余裕ができ、自らの方向に自信が持てた段階でつけはじめたようである。

日誌はグンゼの記念館に所蔵されているが外部には公開されていない。プライベイトの記述もあるので、見合わせている。ただしグンゼの八十年史に一部引用されているし、今後、百年史に編むに当たって全部を読み直し、一部引用された。しかしあくまで「歴史」を裏打ちする資料としての引用にとどめている。

グンゼ社史編さん室長、瀧井道雄によると日誌の内容のほとんどは日々の記録である。だれに会ったとか、どんな会合に出たかとかのら列であり、いまなら手紙に書きとどめるようなことである。例えば、

「明治四十一年二月六日　午前九時ヨリ会社ニテ教育会講話アリ。竹沢郡長ヨリ紀元節ノ由来、並ビニ第十師団参議柿崎氏ノ仏国留学中ノ経験談」

この記述からは会社の講話に、外部から講師を招き、幅広い話をきいている様子がうかがえる。また、

「九月十六日　本日水曜日ニハ藤井女学校校長ヨリ工男ニ対シ独立自営ノ必要ナル事ヲ講演セラル」

とある。中身はわからないが、字をそのまま解釈すると、会社をやめて自分でやれということではないか。脱サラのすすめ、あるいはベンチャービジネスに乗り出せととるのは考えすぎか。工女に対し工男という言葉を使っているのも鶴吉の公平な気分を感じさせてくれる。こういう講演をさせるところに、鶴吉の新しさがある。

「明治四十二年二月五日　午後七時ヨリ社員以下係長会ヲ開キ精神修養ノ事ヲ訓示セリ」

川合信水がきて教育部ができるのは、この年の九月だが、その前から業務以外の会合や講演会が数多く持たれていた。そういう雰囲気を鶴吉が醸成していた。

日誌は日々の記録が多かったが、一部、考え方を披瀝している部分もある。瀧井によると、教育に関することがほとんどで、「百年史」では、

「明治四十二年一月一日　郡是ト社員以下職工ハ親子ノ関係ヲナスノ理念ヲ実行スルノ決心ヲシタリ」と決意を記し、そのことを新年拝賀式でのべ、

「明治四十二年一月六日　本郡住民ノ大多数ヲ占ムル中流以下ニ於ケル家庭ノ将来ハ　当会社職工ガ在社数年間ニ得ル　勤勉ノ習慣ト道徳修養ノ深浅ニカカル事大ナリ」と続く。

郡是の社員が社内の教育によって向上すれば、何鹿郡全体の家庭の勤勉や道徳にも影響があるというもので、鶴吉の思考の中には会社と地域とは切り離したものになっていない。見

事に一体化していた。

くだけた一面

鶴吉の考えは経営の上でも理にかなっていた。郡是の志向していたのは高級の糸であったが、そのためには作業をする人たちの資質は重要であった。「よい人がよい糸をつくる」というのは、経営に根ざした言葉でもあった。

明るく、気のきく店員を抱えたスーパーが発展するように、勤勉で、克己心の強い工女が多くいる製糸工場は売上げを伸ばす。鶴吉は露骨にいわなかったが、心の底にはその気持ちがなかったとはいえまい。川合信水は商売っ気を見抜いていたのか「豚を屠る前に美食を与え、脂肪や肉を多くする。美食を与えるのは、豚を愛するに非らず、美肉を得んが為である。これと同じである」(「留送余影」昭和十年三月)ときびしい。信水は人間としての愛を求め、まず鶴吉が学ぶことを求めた。

この間の考え方の食いちがいを論ずるのは難しい。会社とはなんぞや?の話になって会社は慈善団体かという論に行ってしまう。鶴吉は信水のいうことをきいた。片山金太郎もきいたし、支えた。鶴吉が亡くなり、片山が死んで信水は郡是の中で後盾を失なってしまう。その結末は明治四十二年、信水入社のときの問答に表われている。豚肉云々は昭和になってから書かれたものだが、入社のときの信水の鶴吉批判である。これはいまもかみしめていい言葉であり、企業の限界を語るのに欠かせない。

鶴吉は若いころ、数学の才能があり、開花しかかって、途中でとまっていた。郡是の経営では計数能力が生かされたのはもちろんだが、他に「字（書）がうまい」「記憶力が抜群」「漢詩をつくった」などの才が語られた。

堅物ではあったが、くだけた面もあった。「トシクニさん」の話をきいた人がいる。昔の遊廓で、「おまえさんのトシは？」「クニは？」と女性の身元調べをしたがる客がおり、女性の間では「トシクニさん」といって敬遠していたと。

教育部が設置されて淑女会というものができ、新年の遊び会に鶴吉を招待すると、鶴吉は夫人とともに気安く参加した。花夫人は淑女会の会員であったため余興をしなければならなかったが、「うちの奥さんは声が低いから、わたしが代わってやります」と小咄を上手に披露したという。「波多野鶴吉翁小伝」には郡是の看護婦長だった羽室琴枝が覚えていた鶴吉の小咄の一つを紹介している。

「わたしの家にはネズミが多くて、天井を駆けずり回ったり、物をかじったりして困るので、この間の大晦日の晩にお花さんと一緒に桝落としを仕掛けました。元旦の朝、見ると桝が返っていて、どうやらネズミがひっかかっているようなので、そっと桝を持ち上げると、下からネズミが顔を出して、『マス（桝）明け（開け）ましておめでとう』と言いました」

政治について。若いころ自由民権運動にかかわったが、あとはノータッチを貫いた。しかし、もし寿命がもう少しあったら、国政にかかわる可能性があった、との説がある。鶴吉と片山金太郎の側近であった小野蔵三は自伝の中で、片山が「いつまでも山間の綾部におったのでは時代にも遅れる。中央に出なければならない。それには波多野さんが国会に出ることだ、と波多野さんとのあいだではもう話ができていて、その案を発表するまでになっていた」と語っていた事実を記している。

第十二章　神に召されて

光栄の日はすぎ

大正六年十一月十六日、貞明皇后陛下が郡是にこられた。鶴吉にとってこれ以上の光栄はなかった。鶴吉は行啓が終わったあと、その日に至るまでのてん末とその日の感激を記録している。

一報は綾部警察署長からもたらされた。同年十月十三日。ほぼ一カ月前のことである。まだ表向きのことではないと断ったうえで一応、実地検分をして帰った。

鶴吉はにわかに信じず「或ハ何カノ間違ヒデハアルマイカト半信半疑ノ思ヒデ居リマシタ」が十五日、鶴吉の出張先に電報が届く。鶴吉はすぐに帰社し、専務の片山金太郎は京都府庁におもむいた。十八日、宮内庁の三室戸皇后宮主事が来社。鶴吉は事実だと思うようになる。

鶴吉は「セメテハ精神ヲ純潔ニシ、工場ヲ整頓シテ、御迎へ奉ルヨリ外ニ道ハナイ」と決心する。準備の期間は一ヵ月足らず。迎える側にとっては「短い」と感じたことだろう。

いよいよ当日。「陛下ガ玉車ヲ降ラセ給フヤ、不肖御先導申上ゲ、御便殿ニ入御アラセラレマシタ」。車をおりられてすぐトイレにかけこまれたのではない。便殿とは「貴人の休息のために設けられた御殿」（『類語新辞典』）である。

皇后陛下は鶴吉に拝謁を賜ったあと、ご下賜品を渡され、昼食ののち工場をご覧になった。くまなく視察されたあと、本館二階に陳列してあった蚕種、輸出生糸などをご覧になり、便殿に戻られたのは午後二時。視察の時間は一時間半であった。陛下は鶴吉にいくつかの質問をされたが「工女ノ賃金ハ何程ニナリ居ルヤ」のご下問もあったと記している。

ご到着が午前十一時四十分。ご出発が午後二時二十分。二時間四十分の滞在であった。この間の鶴吉の緊張はどれほどであっただろうか。当時の皇室に対する感情を考えると、恐らく生涯に二度とないほどの緊迫した精神状態だったと思う。

当時三歳だった鶴吉の孫の瀧野初子（83）は、このときの鶴吉とその家族の緊張した雰囲気をよく憶えている。行啓の当日に風邪などひいていては大変と、せきばらい一つしてもいけないような緊張した空気が家中を支配していたという。当日の朝、鶴吉がシルクハットを持って家を出ていくと、見送った家族はようやくほっと息をついたらしい。「子ども心にも非常に緊張していたことを憶えています」。初子は述懐する。

鶴吉はこの記録の中で、工場で働く人たちが作業に精神を集中し、よそ見をしたりすることがなかったと喜び、これも郡是の教育の成果だとしている。そして最後を「大イニ修養ニ努メ、会社ノ隆昌ト斯業ノ発展ヲ計ッテ」と誓っているが、この行啓中、もし間違いがあったら鶴吉は腹を切る覚悟であったという。

鶴吉の皇室に対する尊敬の心は、人一倍深いものがあった。このときの準備、心構え、そして反省録を読むにつけ、この人にはキリスト教の信仰とともに、愛国心が強烈に燃えていたと思われる。しかも、日本を思う心は、年齢とともに激しくなっていた。大和魂がプロテスタンティズムと矛盾なく共存していた。

行啓から一週間後、郡是は創立二十周年の式典をあげる。鶴吉は式辞の中で会社の発展ぶりを「資本は二十倍、工場数は十四倍、釜数は十七倍、原料の消化量と生糸の産額は百倍」と数字をあげ、「天意にかない人道に合し……」と結んだ。この日、鶴吉は珍しく得意満面であった。

嗣子・林一のこと

鶴吉、花の夫婦には子供がなかった。明治三十九年、山内林一を養子にすることにし、大正二年には兄羽室嘉右衛門の五女、寿恵子を配した。山内家は船井郡三宮村の名門。花と林一はいとこ同士という間柄であった。鶴吉は林一を幼少のころから知っており、養子にしたいと考えていたらしい。鶴吉は蚕糸業組合の仕事の関係でしばしば京都市まで出かけたが、その途中でかならず林一の実家に立ち寄っていた。林一は鶴吉を「お兄様、お兄様」と慕い、きわめて気軽な親しみやすい人だと感じていた。

林一の「父を語る」（故波多野会長追懐誌、昭和三十八年一月刊）によると、十一歳のとき、家でとった繭の代金をもらいに郡是を訪ねたところ、鶴吉は「わざわざ私を案内して、製糸なるものを見せてやろうとして、多分、今思うのに、選繭場の二階のような所だったと思いますが、そこから種々説明してくれました」。

波多野林一

林一は京都一中に進むが、鶴吉は京都にくると林一をつれて教会をめぐり、卒業のときは「神戸高商を受験せよ」という。林一は早稲田に行きたいと思っており、神戸高商に受かる自信はなかったが、言われた通り神戸高商を受験する。合格発表の日は「神戸へ行くから、俺が見てきてやる」と鶴吉が見に行ったが、「早稲田にすぐ行け」と電報で報せてきた。神戸高商には落ちて早稲田に入学したが、鶴吉が上京してくると、いっしょに牛鍋をつつき、帰りには静岡の鯛味噌と金一円也をいただくのが恒例だったと書いている。

明治四十四年に郡是に入社し、鶴吉が亡くなったあと社長の遠藤三郎兵衛、専務の片山金太郎を補佐すべく常務に昇進する。昭和九年、専務取締役、同十三年から社長。以来二十年間、経営のトップとして困難な時期をくぐり抜けた。

林一のもっとも苦しかったのは終戦後、再建に至る道をつけた時期だっただろう。創立六十周年では社長として式辞を述べているが、その中では製糸から加工へ、化学繊維、合成繊維への変貌を強調している。産業の大転換を予見し、リードする必要があった。

林一はその後、社長を石田一郎に譲って会長に就任したが、昭和二十二年からは一期（六年間）京都地方区選出で参議院議員をつとめている。他に綾部商工会議所会頭、京都商工会議所副会頭などの公職についた。昭和三十七年一月七日死去、享年七十五歳であった。

林一はおだやかな人であった。生前、そのふくよかな姿を拝見しているが、自ら健康法の第一に「怒らぬこと」をあげている。林一にとって父、鶴吉は「無言の教育者」であった。林一は「養子の試験が難しく大正二年に籍を入れてもらったようなことで」と語っている。

養子の話が決まってから、実際に籍に入れるまでかなりの年月があるが、鶴吉はしっかりと林一の言動をチェックしていたのである。ただ東京でのつきあいはフランクで、兄弟のようだったらしい。林一は早稲田でボートをやっていたが、レースに勝った報告をすると、鶴吉は金五円を送ってきた。息子はこれを資金にして仲間と祝杯をあげたという。

林一には四人の子供があった。京都には二男の波多野茂弥、東京には長女の瀧野初子が健在である。茂弥の家に電話して林一の思い出をきいた。「円満を旨とする人でした。日曜には用事がない限り教会に行き、よき家庭人を貫いたと思います」

林一はよく「家庭の感化」を説き、実父の山内三郎兵衛と養父の鶴吉のことを話した。きびしさとやさしさは「和の生涯」として伝えられている。

演壇に倒れる

その日、鶴吉は息子の林一と昼食をともにした。林一が「父を語る」で述べているところでは「自分は引退したら中上林に帰って村の復興のためにつくしたい。自分は若い時からずい分、家内に苦労をかけたので、これからは安楽にさせてやりたい」と話したという。花は林一の妻の出産で出かけ、二人だけの会話であった。

鶴吉は上機嫌だった。というのもこの日の朝、林一がキリスト教への入信を誓約したからである。これも林一自身の話では娘が生まれたので雲原工場から綾部に戻ってきたが、講演にきていた木村清松牧師から強引にすすめられた。

林一は入信するなら妻といっしょにと考えていた。ところが妻の生家である羽室家は熱心な仏教徒でキリスト教に変わるのはかなりの抵抗が予想された。また木村牧師という人は、話を聞いたらすぐ洗礼を受けよというおしつけがましい人で、林一はあまり好意を持っていなかった。しかし、ともかく鶴吉のいる前で、牧師に「家内といっしょに洗礼を受ける」と約束した。

鶴吉はこのことを喜んだ。「大なる手腕ある物質的相続者よりも、真面目にして敬虔(けいけん)なる信仰的相続者を得たことは無上の喜びである」といい、いかにも満足そうな表情をした。牧師は「波多野家はこれで万々歳だ」と、持っていた写真機で二人を撮った。場所は高倉平兵衛の自宅の庭で、午前十時ごろのことである。

午後二時、鶴吉はかねて頼まれていた講演に向かう。郡立女子実業学校での何鹿郡在郷軍人会の講演会。鶴吉は天神町で雲原工場に戻る林一と別れ、元気よく田町の坂を上がって会場に入った。

鶴吉の前には在郷軍人会の福井保少佐、府会議員の村上國吉があいさつをした。村上は農村をよく歩き、何鹿農業の未来に心をくだいていた。のち、村上は代議士になる。鶴吉とクロスすることはなかったが、志は似ているといえた。鶴吉の演題は「大和魂と宗教」であった。

これからあとは、会場の鶴吉のすぐ近くに居合わせた小雲嘉一郎の「波多野鶴吉翁小伝」（昭和三十二年四月刊）によって書き進める。

「……わが日本の国体は、教育勅語にも仰せられてある如く、わが皇祖皇宗……」と元気にみちた講演が、にわかにもうろうとなり、エーエーと二、三度くり返しつつ小さい手帳を指先でめくろうとしてめくれぬようであった。

町長の由良源太郎が演壇に行って鶴吉を抱きとめ、うしろの椅子に腰をかけさせたが、もはや一語も発しなかった。福井が「こんな始末ですからこれで閉会にします」とあいさつ。聴衆は静かに去っていった。

急死した当日の朝、息子の林一（写真右）と写真に納まる鶴吉

由良団次郎が両腕を、小雲が両足をかかえて敷ぶとんの上に寝かせた。医師がきて「脳溢（いっ）血」と診断。鶴吉はその間も高いびきをかいて、眠ったままであった。

花がかけつけた。雨天体操場のがらんとした中、寒気が刺すようである。「午後九時五十分、ついに神に召されるままに天国へ旅立たれた」。大正七年二月二十三日。享年六十歳。

権力ではない。権力を行使して支配したのではない。人格のみを頼りとして会社を経営し、発展させた希有なる男が世を去った。

21世紀に続く

葬儀は盛大であった。しかし鶴吉は、参列者が何人で、東京からだれが来てなどのことにそれほどの関心を示さなかっただろうと思う。鶴吉はキリストの信仰者として天に召された。

留岡幸助は感話の中で鶴吉の人間像を七つにまとめた。

一　地味な成功家

二　打算よりも人道を重んず

三　経済と道徳との調和並行

四　至誠は信用を呼び起す
五　沈黙の人
六　刻々修養を怠らぬ人
七　自ら奉ずるの薄き人

押川方義は説教の中で鶴吉を「偉大なる二つの事業をなしとげた人」と評した。一つは真に生命の真価を解決した人間としての成功者。一つは国家社会に貢献寄与をなしとげた国民としての成功者。

鶴吉にキリスト教を紹介したのは田中敬造だが、敬造の入信のきっかけは愛媛県の大洲で、押川の演説をきいたことであった。留岡は丹波教会の牧師で、鶴吉を受洗させた人。日本キリスト教史上の二巨人が、鶴吉の葬儀にはせ参じ、熱弁をふるってその人格をたたえた。鶴吉はそのことに安らぎを得たことだろう。

鶴吉の精神はその後も途絶えることはなかった。このあと日本は満州に、中国大陸に戦火を広げ、昭和十六年十二月にはアメリカと戦うところまで突き進んでしまった。

昭和二十年八月、日本は敗れて焼け跡の中から再建の歩みが始まった。綾部は空襲に遭わなかったが、企業は著しく打撃を受け、社員の中には召集されたまま、帰ってこない人も多かった。

鶴吉がもし、この激変を見届けていたならどんな思いを抱いただろう。日本という国家を愛する気持ちと、人を殺す戦争を憎む気持ちの中で、悩みは深かったにちがいない。

郡是はグンゼとなり、たくましく発展を続けた。例えば鶴吉の精神は、海外での工場建設に生かされたという。中国に工場をつくったとき、グンゼは地元との共存共栄を心がけた。中国の人たちが豊かになる方法を考えた。

大連に工場ができて六年になるが、一つの成功例といわれているのも、郡是の精神によるところが大きい。丹波という片田舎で鶴吉の考え抜いた経営の心は、グローバルへの広がりを持っていた。

「Think Global Act Local」といわれる。地球規模で考え、地域規模で行動する。あるいは地域社会の活動の中に、地球全体に通じる普遍の原則がある。二十一世紀の企業に求められているものを、鶴吉はすでに百年前に胸の底に宿していた。

夫人の花は鶴吉が死んだとき五十八歳であった。そのあと四十年を生きた。嗣子の林一は「第一に信仰で生き抜いた生涯であった。第二に勤労の精神の強い人であった。第三に慈悲の深い人であった」と本社の朝礼で追慕した。

鶴吉以上に花の人生は波乱に富んでいた。しかし、長い長い晩年は安らかであった。静かに寄り添った人生でありながら、この女性の強じんさが、郡是の礎（いしずえ）を築いたもう一つの柱であった。

第十三章

明治五年の富岡から、二十九年の郡是へ

ちがいとつながり

平成二十六年六月、群馬県の富岡製糸場が世界遺産に登録された。それまでは最高で一日三千人程度の入場者だったが、三倍ほどにふくれ上がり、テレビや雑誌にとり上げられて製糸に対する関心が高まった。筆者も三回ほど訪ねたが、二十七年十月の段階でも来訪者は落ちていなかった。感心したのは地元の対応である。ガイド役のボランティアが約八十人、二十〜三十人毎のグループを案内してくれるが、よく勉強していて元気で明るい。東京から車で行ったので駐車場から十五分ほど商店街の中を歩いたが、店の中から「おはようございます」と声がかかり、なにか問い合わせると素早く答がハネ返ってくる。町の人にきくと「訪問者にはおせっかいを焼こう」と申し合わせているのだとか。

富岡製糸場は明治五年の創業である。郡是製糸の創立に先がけること二十四年。官営の工場で、指導したのはフランス人の生糸検査技師、ポール・ブリューナであった。明治維新に成って近代国家の一歩を踏み出した日本にとって、まずはヨーロッパやアメリカに追いつくことが目標だったが、どれをとっても容易ではなかった。「富国強兵」を掲げたが、課題は多い。

その中で生糸の生産は全国に素地ができており、国際的にもチャンスがころがっていた。生糸を輸出して外貨を稼ぎ、軍備を充実させて、外国の進出に対抗しよう――新政府を握った指導者たちは方向を定めた。富岡が選ばれたのは①近隣の農家が優良な繭を供給できた②きれいな水が豊富で高崎で石炭が得られた③住民の協力があった④製糸場が操業しており、経験のある工女を雇用できた――などである。周辺は当時、長野と並んで養蚕と製糸の活発な地域であった。郡是の創立前、製糸場に見習いに技師が派遣されているが、「群馬は先進地」といわれていた。全国からの留学先であった。

富岡製糸場から郡是製糸株式会社へ。二つを単純に比較するつもりはない。官営と株式会社のちがいがあるし、時代も大きく異なっている。お雇い外国人と土着の日本人経営者の視点はかけ離れており、使命感や役割にも当然へだたりがあった。しかし、二つをつなげると日本の近代史が太い線で浮かびあがってくるし、富岡製糸場でのやり方が、郡是に引き継がれて、より深化したとみえないことはない。郡是の創立時にきわ立っていた健全な経営の精神は、この官営工場ですでに構築されていた。そう考えられないだろうか。

国松いまと青山しま

　富岡製糸場は全国から十四〜二十五歳の女性を多く集め、一〜二年で先端的な器械製糸に習熟してもらって、全国(故郷)に戻し、大勢を占めていた座繰から器械に切り換えて、生糸の生産を飛躍的に拡大、「富国」に貢献しよう、というねらいがあった。旧藩の上役や新体制の区長を通じて募集したが、当初は集まらなかった。大きな理由はフランス人に対する恐怖感である。「フランス人は日本人の生血を飲む」という風評が立ち、親たちも本人もしゅんじゅんした。新政府に対する不信感があったかもしれない。フランス人が好んで飲んだ赤ワインを血と思いこんだという説が伝えられているが、外国人に対する理由のない違和感があったとして不思議ではない。初代工場長に決まっていた尾高惇忠は十四歳の長女、ゆうを率先して応募させ、第一号の伝習工女とした。長野の旧松代藩でも旧藩士で松代の区長、横田数馬の娘、和田英(和田姓の男と結婚)が一番に応募したが、区長の責任上、まずわが娘を差し出した形。同世代に呼びかけて十六人が集まった。年令は十三歳から二十五歳まで、親の職業別では元士族は十一人、士族外では職人が三人、左官一人、古着商一人だった。都道府県別では地元の群馬から六百十人。ついで滋賀四百五十二人、長野二百八十九人、埼玉二百十二人などの順。滋賀や埼玉は工場建設にかかわった人のコネがあり、熱心に勧誘した結果である。「富岡市史——県別工女の延べ人数」では、京都府からはゼロである。富岡製糸場総合研究センター所長、今井幹夫さんにも確認したが「創業時、京都から入場した記録はない」とのことだった。京都側からみると、郡是製糸の創業に当たって、教婦として招へいされた国松いまについて、「富岡製糸場や京都・川端製糸の出身と伝えられており、綾部製糸講習所の教婦を兼ねていた」(「郡是株式会社史」)の記述がある。当時、五十三歳、教婦は工女を指導する重要な役で、長年にわたって経験を積み、人柄もよく、模範となる女性だった。ただ彼女が富岡に在籍していたという確たる記録はまだ見つかっていない。

「三丹蚕糸業郷土史」にのった青山しまの回想が「富岡製糸場——工女たちの故郷への便り」(今井幹夫編、群馬県文化事業振興会)に転載されている。青山は兵庫県出石から富岡にやってきた十四歳の工女である。旧出石藩の男性三人に連れられ、二十五人で入場、六年間働いた。旧藩をあげて送り出したようで、東京では内務省地理局長に就いていた桜井という旧藩出身者が面倒をみた。時折、東京を案内したり、自宅によんでご馳走をしている。こんな雰囲気の中で京都は枠外におかれていたようで、察するに業界がバラバラで停滞していたのだろう。九鬼藩の末期に、米作のみの単調な経済から商品経済への切りかえをはかるべく、佐藤信淵をよんで桑の木を植え、養蚕を奨励したのに、うまく時代に乗っていない。青山は富岡を退場して城崎郡日高町久斗に出来た兵庫県営の模範工場に就職した。この工場は士族授産のために払い下げられ、明治二十四年に株式会社になる。さらに郡是製糸江原工場になった。青山は士族授産の製糸場で教婦をしていたという。江原工場は明治四十五年から昭和五十二年まで存続し、いまはなくなっている。富岡と郡是は青山を通してつながっていることは確認できた。青山は富岡の工場生活について「別に稽古がえらいとも、つとめが辛いとも思いませんでした。毎日六時から十二時まで仕事をして、十二時から三時までは休み、三時から六時まで仕事をするのでした」と振り返っている。（当時の労働時間は九時間四十五分、明治十八年から延長している）このトーンは、郡是創業時につとめていた元工女たちの回想と共通する。「病気になったら立派なお医者さんにかけてもらいました」（十四才で入場、昭和八年の回想）とも。楽しかった思い出として、何十年かあとに回想する姿は、昭和三十年代、筆者が卒論執筆のため元工女のおばあさんたちからきいた話とだぶってくる。

工女の教育

応募の流れができて北海道からも山口からも工女がきている。山口は維新を成しとげた旧長州藩が力を入れ、汽船で神戸へきて、さらにアメリカ船で横浜まで、開通したばかりの汽車で新橋へ。そこから人力車を連ねて富岡入りしたというから交通費をかけたにちがいない。派手な登場をしてからはいきなり繭えりをせず糸とりの工程に入ったから、他の工女たちは「依怙贔屓（えこひいき）だ」と騒ぎになった。和田英「富岡日記」（ちくま文庫）によると部屋にこもって泣き叫ぶ工女や、上役に文句をいう工女がいたらしい。いくら新政府樹立の中心になった旧長州藩出身であっても、工女たちまで特別待遇であっていいはずはない。団体交渉のようなことが行なわれて、この問題は解決するが八十年余り前のフランス革命の自由民権思想なども入ってきて、工女との関係は絶対服従やきびしい統制までいっていなかった。もっとも日常の規則はきびしかった。フランス映画などに出てくるカソリック系の女学校の寄宿舎を思い出す。工女寄宿所規則・明治五年十月制定「期限中日曜日の外、門外へ立ち出で候儀一切相成らざること。但し日曜日遊歩等にて外出の砌、一人は相成らず、二人より以上勝手たるべきこと。」「取締役正副の内、朝夕見廻り人員検査の際は部屋毎に銘々正座致し、部屋長より姓名申し立つべきこと。」などとあり、規定の窮屈さに耐えられなかったのか退職する工女が絶えなかった。ただブリューナはいっしょに働いていたフランス人に対しても厳格だったようで教婦が工女からミカンをもらったというだけで職務を外れ子守にまわされている。旧長州藩の工女たちを激励するため殿様がわざわざ訪問しているし、彼女たちが入場して間もなくの六月には皇太后、皇后のお二人が視察に来られた。工女たちには前もって紺がすりの仕着せと小倉赤縞のはかまが渡され、「笑ったりしないように」と注意がのべられた。お帰りになったあと御扇子が下賜されたが工女たちは一生の宝物としたことだろう。藩も、国も製糸にかける意気込みがどれほど大きかったか伝わってくる。彼女たちは期待に応えて器械製糸を修得し、各地に散って製糸場の指導的な工女となり、生糸を生産した。和田英の場合、やはり人力車を連ねて故郷に凱旋し、村に創立された六工社に勤め、生産活動に励んだ。生糸は輸出のトップを走り、一時期は輸出額の八〇%を超えたこともあった。初代の場長、尾高は「繰婦は兵隊に勝る」とよく色紙に書いたが、日本の軍備を、生糸で稼いだ外貨で整えていったのは事実であった。「富岡日記」のあとがきで評論家の斉藤美奈子は「富岡と『女工哀史』は別なのか」を論じている。富岡製糸場では就労規則もフランス式で近代的であった。しかし「恵まれた」労働環境は「ほんの一時期だったといわなければなりません」。確かに明治二十六年、三井に払い下げられると労働時間は長くなり、三十一年には工女のストも起きている。決して明るい話ばかりではなかったが、同じころ郡是製糸では工女たちを親から預かった大切な娘さんと考えていたし、工女の教育に力を注ぐべしとは郡是製糸創立前から波多野鶴吉の気持の中で固まっていた。よい教育を受けた、教養豊かな女性がよい糸をつくる——この信念は富岡→郡是とつながっているのではないか。

官営から各地にすそ野を広げた日本の製糸業は、製糸場を創業していくが多くの工場でも夜学が実施されている。学校とまではいかないが、地域の学問のある男性や女性が工女たちに裁ほうやソロバンなどの実学のほか、読書や習字を教えた。明治二十八年、京都府視察団が一カ月にわたって群馬をはじめ先進地の製糸場を見学。このときの参加者たちがいっきに郡是創立に突き進んでいったが、中でももっとも感心している工場が三重の室山社である。ここでも夜学が行なわれており、波多野らは大いに心を動かされたと思う。官営の富岡では場長の尾高が教育熱心な人だったし、士族の娘が多かったので、もともと藩時代から寺子屋教育になじんでいた。その方針が地域の製糸場まで及んでいたことは評価したい。「富岡日記」

のうち、六工社での夜学にふれた部分を紹介しておこう。「夜学には元方総出にて御教授下さいました。大里様は読書と習字、中村氏は習字と珠算、土屋氏は習字と珠算、宇敷氏は読書と習字、工女方も喜んで大方毎夜出られまして、中々盛んでありました」

尾高惇忠は渋沢栄一の七才年上のいとこである。栄一が七才のときから論語を教えた師でもあった。このいとこがいなかったら、明治以降、大活躍する渋沢栄一は存在しなかったかもしれない。当時、大蔵大輔・大隈重信、大蔵少輔・伊藤博文の下にいた栄一が官営製糸場を推進し、尾高を送りこんだ。尾高の座右の銘は「至誠如神」でいまも場長室にはその書が飾ってある。波多野鶴吉も至誠という言葉を大切にした。尾高は三年余りで富岡を去り、盛岡の第一国立銀行支店長に転ずるが、波多野と共通の人間性をみることができる。経営者である前に、誠を説く道徳の人であった。二人とも工女を単なる労働力とはみなかった。立派な教育をほどこし、人間としての成長を願って日夜奮闘した。そこに明治を貫く人間的な労使の関係をみる。あるいは二つとも、当時にあってはレアケースだったかもしれないが、もし富岡製糸場を訪れる機会があれば、後の郡是の時代につながる工女さんたちの思いもかぎとってほしい。生糸というのは、とてつもなく太い近代史の流れだったのだから。

対談

グンゼ株式会社 代表取締役社長　児玉和
ジャーナリスト（京都府綾部市出身）　四方洋

平成26年9月8日　於　グンゼ株式会社 大阪本社

地域とともに歩む

四方　二〇一六年、グンゼは創業百二十年になります。明治、大正、昭和、平成と激動の時代を生き抜いて、なお繁栄を保っている。この歴史を振り返って、どんな感想をお持ちですか。

児玉　重みを感じます。社史を読むと決して順調にきたのではないことがわかります。何回か倒産の危機がありました。第二次世界大戦直後には、途方に暮れるような状況が続いています。そんな浮き沈みの中で一本貫いている軸として創業の精神があったと考えています。

四方　創業の精神とはなんだったのでしょうか。ひと言でいうのは難しいかもしれませんが。

児玉　不易流行という言葉があります。不易とは変えてはならないもの、創業の精神であり、流行とは新しく変えるべきもの。それに常に挑戦してきたことだと思います。社歌(1)に「たていと　よこいと　ひとすじみだれず」の言葉が出てきます。たて糸は創業の精神。よこ糸

児玉 和 グンゼ株式会社代表取締役社長

は挑戦です。両方を大事にして、ぶれなかった。

四方 新しいことに挑戦するのも創業の精神といえますね。明治二十九年、草深い綾部（旧何鹿郡）[2]で、チエとエネルギーを結集して「郡の是」をつくったわけですから。

児玉 当時、掲げた経営の基本方針が「人間尊重、優良品の生産、共存共栄」です。この三つはいまでも古くなっていません。むしろ絶対必要なこととして、ますます強調されています。グンゼでは毎朝、どこでも、社是を唱えています。今に至るまで絶えることなく続けてきました。社員の骨肉になっていると思います。

四方 一つ一つが新しいですよね。グローバルでも十分、通用する。百二十年間、さびていません。

児玉 「優良品の生産」即ち品質第一がそうですね。創業の前、何鹿郡の生糸は品質が悪く、安く買われていた。波多野鶴吉翁は、「いい生糸をつくれば必ず評価してもらえる」と考えて、立派な品質の生糸をつくろうと努力しました。この精神は製糸から次の事業である靴下やメリヤス肌着などに転換してもしっかりと守られました。さらにプラスチックフィルムの製造へと発展していきましたが変わりはありません。

四方 確かに品質のグンゼといわれます。肌着なども「高いけれど着心地がいい」というので、引っ張りダコでした。

児玉 品質がいいのは大前提です。創業して間もなくアメリカへの生糸の輸出が伸びたのも、品質が評価されたからです。

四方 織物業者スキンナー商会が製品を信用した。宣伝やサービスではなく品質で売っていったのは、現代の日本製品の評価につながっています。共存共栄は地域の人たちとともに栄えるという姿勢ですね。

児玉 ええ。現代のCSR(3)です。「郡是」という社名からして、地域とともに歩む姿勢を表していますが、明治二十九年にこういう発想をしたのは斬新だったと思います。

四方 以前、初版本を書くために当時の社長と会ったとき、韓国や中国でも、綾部でやったと同じように相手の社会や地域とつきあっている、とききました。海外生産はふえたでしょうが、共存共栄は生きていますか。

児玉　韓国、中国だけでなくベトナム、タイ、インドネシア、台湾などに広がっています。創業して十年後、はじめて京都府から兵庫県に進出するとき「何鹿郡の郡是なのになぜ郡外へ出るのか」という反対意見があったそうです。それに対して鶴吉翁は「兵庫県にも郡はあるのだ」と答えた。これは「どこででも何鹿郡と同じようにやればいいのだ」と考えていたと思います。

四方　海外においても同じ。「郡はあるんだ」の発想ですね。共存共栄をはかる創業の精神が根づいている。

児玉　社是も現地の言葉に訳して、日本の工場と同じように毎朝、唱和しています。海外では現地のパートナーとの信頼関係を築けるかどうかが成否を握っています。その国の産業発展に貢献するんだ、という発想が基本になければなりません。

四方　中国で反日暴動などがありましたが、地域との関係は良好ですか。

児玉　平成二十四年（２０１２）に、中国での肌着事業は創業三十年を迎えましたが、とてもうまくいっています。グンゼの元社長の小谷茂雄は進出先の山東省済南市の栄誉市民になっています。地域から信頼されていることの証しではないでしょうか。

よい人がよい糸をつくる

四方　グンゼではいまも綾部で入社式を行われて、全員、南ケ丘の鶴吉翁の墓に参られるときききました。創業の精神が継承されているわけですが、社長は入社のとき、創業の精神などご存知でしたか。

児玉　よく知りませんでした（笑）。昭和四十七年入社ですが、メリヤス肌着が年間二億枚近く売れているころで、業績は絶好調の時代でしたね。

四方　入社して研修を受けて理解しましたか。

児玉　綾部で入社式を終えて二週間の研修を受けますが、その間、創業時の様子や考え方、事業の内容などを学びます。テキストには山岡荘八さんの「妍蟲記」(4)を使いますが、創業者の気持ちがよく伝わると思います。

四方　あの本は山岡さんが終戦直後、日本人が元気をなくしているのを心配して、「日本にもこんなすばらしい会社があった」と知ってもらうために書かれたといわれます。日本人を勇気づけるための本だった。

児玉　長い間、新入社員の教科書として山岡家のご了解を得て使わせていただいています。研修が終わって現場に出ますが、先輩リーダーからも創業の精神は叩き込まれます。研修は入社三年後、十年後などの節目にも行いますが、くり返し学んでいます。

四方　そうやって社員一人一人の身についていく。よく日本的経営といわれます。創業者の考え方をみると必ずしももうけ第一ではありませんね。日本的経営の真髄（しんずい）と思えます。欧米式の経営に比べてどうでしょう。

児玉　私はフィラデルフィアに四年、テキサスに三年、合わせて七年、アメリカで勤務しましたが、（アメリカでは）業績のとらえ方が短期的ですね。短期的成果主義が強固に根づいている。中国は欧米に近いかもしれません。個人主義という点でも。

四方　しかしアジアをみた場合、日本的経営が評価されるのでは、と思います。株主への配当が極端に重いなどというのは、どうでしょうか。社員や取引先、地域にも同じように気配りする方式がアジアでは歓迎されると信じています。富岡製糸場(5)がユネスコの文化遺産に登録されました。

児玉　よかったですね。日本の近代化を進めたのは製糸業であり、富岡製糸場がけん引していった。製糸は日本のモノづくりの原点といってもいいでしょう。鶴吉翁が創業前に養蚕農家をまわり、仲買人に買い叩かれて苦労している姿をみる。「これをなんとかしなければ」と発奮するところからはじまっていますが、よい人がよい糸をつくるといっています。優良品はよい人がつくる。この信念は日本のモノづくりの伝統です。

四方　技術革新も人ですね。

児玉　創業前、何鹿郡の人たちは当時、先進県だった群馬へ勉強に行っています。富岡製糸場も対象の一つだったでしょうが、学んだものは大きかった。鶴吉翁は創業の明治二十九年以前に、蚕糸組合の組合長や蚕糸専門の学校設立にかかわっている。この間に、各地から学んで、当時の製糸業のよいところを吸収したのだと思います。

時代に合わせて

四方　創業の精神は、日本のモノづくりの原点であった、と受けとめたいですね。その後グンゼは変化しながら発展したのですが、いまは製造の比率はどのくらいになっていますか。

児玉　一〇%がサービス業といっていいでしょうね。製糸工場の跡地を利用してショッピングセンターやスポーツクラブを運営しています。スポーツクラブでも創業の精神を引き継いでいます。「へぇー」と思われるでしょうが、「三つの躾」(6)（そうじをする、はきものをそろえる、あいさつをする）を子どもたちに教えています。スポーツ教室でぴったり当てはまるのですね。三つとも大事な躾ですから、お母さん方に喜ばれています。スイミングスクールでは泳ぎをおぼえるだけでなく、躾もやっていただけると。

四方　「三つの躾」はわかりやすくて、守りやすいのですが、社会人として基本の要件を備えています。しかも危機管理、品質管理、コミュニケーションの三要素に見事につながっている。

児玉　残り九〇％のうち、繊維と非繊維系に分けるとほぼ五〇％ずつです。繊維から新たに切り開いたのがプラスチックフィルム、そしてメディカルに伸びています。

四方　多角化が進んでいますね。不易流行の流行の部分の比重が大きくなっている。

児玉　鶴吉翁は創立二十周年の記念式典で「(生糸は) いずれレーヨン、化学繊維にとって代わられる」といっています。時代を読んでいたのです。グンゼはまさに時代に合わせて拡大してきましたが、あの時代に予測したのはすごいことだと思います。

四方　戦後になって突然転換したのではなく予測されていたのですね。

児玉 海外に出るのも早かったですね。繊維はいずれ開発途上国に追い上げられると予想して、韓国、中国に工場を建設したのは（業界では）一番早かったと思います。

四方 フィルムは私たちとなじみがない。どこで見かけるのでしょう。

児玉 消費者が手にとられるいろんな製品に使われていますよ。例えばお茶のペットボトルのラベル用収縮フィルムがあります。

四方 食品成分の割合とか、製造者名が書いてある。

児玉 日本でトップシェアです。全国の三〇％くらいのシェアを持っています。昭和三十七年からはじまった事業ですが、グンゼの一つの柱になっていますね。

四方 自己主張はしていないけれど、消費者にものすごく近いところに存在していますね。

児玉 繊維とはまったく異なる分野ですし、肌着なんかとちがって、消費者への直接販売ではなくメーカーへの営業ですが、グンゼブランドのおかげを蒙っています。「肌着のグンゼですか。品質がいい会社ですよね」といわれて、売り込みやすい場合があるようです。

四方 なるほど。企業イメージは大事ですね。地域とのおつきあいではどうですか。

児玉 綾部にはメディカルの工場や研究所がありますし、宮津（京都府）、梁瀬（兵庫県）には肌着の工場があります。滋賀県の守山ではプラスチックフィルムを製造しています。地元の方を雇用するのは第一ですが、それぞれでおつきあいを深めています。例えば工場の運動場を地元の方々に開放したり、やれる範囲でチエをしぼって地域貢献に努めています。

四方 以前はテニスやゴルフのトーナメントをスポンサードしておられましたね。錦織圭選手の活躍でテニスはさらに盛んになると思われますが。

児玉 今はやっていません。私は一九八一年にニューヨークへ研修で一年間駐在していましたが、グンゼが専属契約を結んでいたトレーシー・オースチン選手が全米オープンで優勝した。まだ十七才の選手でしたが、会場で花束をあげました。腰を痛めて十八才で引退しましたが、惜しかったですね。テニスとのつながりは学生のリクルートに役立ちました。大学生には健康なイメージで受けとめてもらったと思います。

四方 鹿児島のお生まれですが、綾部の印象は。

児玉 山紫水明で、由良川の風景など見ていると心が洗われます。三年前、社長に就任して上林の波多野家のお墓に参りました。墓前に立って責任の重さをひしひしと感じましたね。

四方 東京で「綾部出身です」と名乗ると「どこ?」という顔をされる。「グンゼ発祥の地」というと、わかってもらえます。

児玉　毎年株主総会のあと、役員全員で必ず南ケ丘のお墓に参って結果を報告しています。綾部はグンゼが生まれて、育ててもらったところです。その気持ちを忘れてはいけません。

道を説く経営者

四方　明治時代、資本主義のれい明期に、人間的な経営を貫いた例は珍しいと思います。もっとその側面をみてほしい。

児玉　すばらしい経営者は最後は宗教家になっていく——というのが私の持論です。松下幸之助さん、本田宗一郎さん、稲盛和夫さんなど企業を大きく成長させたあとは、人間や社会のあり方、道を説く経営者になっておられる。結局、社員や株主の心が一つにまとまる、一致するのが経営として一番強い。そこにいきつくのだと思います。その結果、企業に品格が出てくる。

四方　鶴吉翁も宗教心の強い人でした。

児玉　創業前からキリスト教信仰の厚い人でしたから、宗教家が経営者として成功されたといってもいいくらいです。

四方　二宮尊徳の報徳会にも熱心でした。尊徳の教えも質素、勤勉、地域貢献などでしたから通じるものがありました。

児玉　鶴吉翁は十七才で上林から京都に出て二十才までにいろんなことを経験されて人格を高められた。貸本屋をやったり、出版をしたり、他流試合をしています。幅の広い経験が起業に役立ったと思いますね。

四方　病気になって綾部に戻られたのですが、そのマイナスの経験すら、いま考えるとプラスだったといえます。

児玉　綾部に戻って、小学校の先生になりますが、子どもたちとふれ合うことで、養蚕農家の実態を知り、「なんとかしなければ」と発奮するわけですね。

四方　丹波のマユは品質が悪いとして、仲買から買い叩かれていた。養蚕農家はいくら働いても生活が楽にならない。子どもを学校にやれないような状況でした。

児玉　新島襄が京都に同志社を創立して、キリスト教的な教育をはじめますが、この影響はどうだったのでしょうか。グンゼ創業の精神とのつながりがどうか、興味があります。

四方　関係は大いにあったと思います。同志社で学んだ新島門下が園部や福知山に教会を設立しますし、鶴吉翁に洗礼を授けた留岡幸助(7)は新島襄の教え子でした。

「品質のグンゼ」を世界へ

四方　ところで、これからのグンゼを語ってほしいのですが。

児玉　百二十年を振り返るといろいろなことがありました。冒頭にお話ししたように危機が何回か押し寄せました。これからも起こるでしょう。それに対し社歌にある「たていとよこいと　ひとすじみだれず」その時代に合ったチャレンジ精神を大切にして企業経営をしています。私は企業経営は駅伝競走だと思っています。任された区間を、全力をつくしてタスキを次の世代につないでいく。区間の中には平たんな道はほとんどない。タスキをつないできた区間をたどると一区は生糸でした。二区は繊維加工、三区は非繊維とつないできたわけです。

四方　そこで四区に入るわけですね。

児玉　クオリティーオブライフ（ＱＯＬ）のタスキをかかげています。人々の生活の質を向上させるものを提供する。健康を増進させる商品やサービスなども入ります。

四方　新しい商品開発の可能性はありますか。

児玉　「これでいい」ということはないと思っています。われわれが「こんなものがありますよ」と示すことができたら、欲しいという人は多いと思います。例えば肌着は人によって、もっと着心地のいいものを望んでいます。手術をした人は縫い目で手術の痕がこすれて痛いとおっしゃる。縫い目のない肌着はすでに販売しています。

四方　メディカルの分野も実績が上がっていますね。

児玉　血管を人工でつくる技術も米国では治験段階に入っています。

四方　個別の要求に応えていく。そうなると可能性はいくらでもありますね。

児玉　かつてグンゼの肌着は国民肌着といわれました。全国津々浦々に同じ肌着が普及していましたから。これからは年代や地域によって異なる、その人に合った肌着ができます。

四方　健康志向も強まると思いますが。

児玉　日本でスポーツクラブに入っている人は約三％といわれています。まだまだ伸びる余地があります。私たちは二〇二〇年までの「七年計画」を「ＣＡＮ20」と名づけて推進しています。

四方　東京オリンピックの年までですね。創業から数えると百二十五年。楽しみですね。

児玉　海外の比率はいま二二％ですが、これもまだまだ伸ばします。国、地域によって温度や湿度が違います。状況に合わせた肌着なども開発できます。もちろん競争の厳しさはありますが、伝統の「品質のグンゼ」にこだわって、世界中にいいものを提供していきます。創業の精神はそこにありますから。

四方　力強い、挑戦的な言葉で終わりました。ありがとうございました。

［注釈］　⑴社歌…現在も歌われている第三社歌。昭和三十一年（１９５６）九月に制定。

作詞・土岐善磨　作曲・信時潔

一、天に道あり　人に誠
ひかりはあまねく　地に満ちたり
桑のみどり　繭のかがやき
こころもあかるく　いそしみ尽くせば
たていとよこいと　ひとすじみだれず
綾部に結ぶグンゼあり

（〜三番）

⑵旧何鹿郡…9ページ参照

⑶ＣＳＲ…企業の社会的責任（Corporate Social Responsibility）企業活動が社会へ与える影響に責任を持つこと。企業が利益を追求するだけでなく、消費者、株主、従業員、取引先、地域住民といったあらゆる利害関係者の利益を見据えて企業活動を行うことを指す。

⑷妍蟲記…第一章30〜32ページ参照

⑸富岡製糸場…第六章102〜104ページ参照

⑹三つの躾…昭和二年の入社以来、従業員教育に携わってきた山崎隆が、宗教的要素が濃いものであった社訓の精神を、若い従業員に理解しやすいものにして、教育の柱にしようとの考えからまとめたのが〃誠意、愛情、謙虚〃を説く「三つの章句」であった。昭和四十四年に山崎がこれをさらに要約したのが「三つの躾」（あいさつをする、はきものをそろえる、そうじをする）。郡是精神を表す「三つの章句」の普及、「三つの躾」の励行は、グンゼの教育の要として浸透している。

⑺留岡幸助…第六章109〜110ページ、113〜119ページ参照

児玉社長と著者

今甦る　葉那の人物像

――グンゼ創業者・波多野鶴吉の妻――

平成28年1月8日～3月11日「あやべ市民新聞」連載

（文責　高崎　忍）

《おことわり》

波多野葉那の名前については「葉那」のほか、「花」「花子」「はな」「はな子」がありますが、葉那が正式とされています。ただ、「鶴吉大婦の人間愛に満ちた生涯をＮＨＫ朝の連ドラに」という活動ではパンフレットなどで「はな」の表記にしており、連載記事の中では場面や内容に合わせて使い分けています。

［平成28年1月8日付］

「かわいいおばあちゃん」――質素な着物で控え目

礼拝で顔合わせた阿部千鶴子さん（95）

子に愛情、親にいたわりの言葉

波多野鶴吉・葉那夫婦のうち夫の鶴吉については、グンゼの創業者であることから資料が同社にふんだんに残されている。ところが葉那に関する資料となると、社内では皆無に近い。グンゼOB、OGから彼女の人となりやエピソードなどを聞くことも、かなり難しいとされてきた。

しかし今回、本紙で資料などの提供を呼びかけたところ早速、亡夫がグンゼ社員だった阿部千鶴子さん（95）＝上野町＝から「葉那さんを直接知っています」と連絡があった。

晩年の波多野葉那（丹陽教会発行の冊子「おもかげ」から）

ただ、それは阿部さんがグンゼと縁が深かったというよりも信仰の関係からだった。２人はキリスト教宗派の一つ、プロテスタント（新教）の敬虔（けいけん）な信者。綾部では新町に古くから日本キリスト教団の丹陽教会があり、阿部さんはそこで葉那と礼拝などで日常的に顔を合わせた。

葉那が満98歳で亡くなったのは59年前の昭和32年7月28日の昼。このとき阿部さんは36歳だった。教会などでよく知っていた葉那の人柄を尋ねると、「ひとことで言うと、小柄で『かわいいおばあちゃん』という感じ。そして腰が低く、控え目な方でしたね」。

さらに、身なりなど印象に残っていることを思い出してもらうと、「ごく質素なお着物をキチンとお召しになって、いつもニコニコと柔和で優しいお顔をされ、謙遜（けんそん）そのものという感じだったお姿が今も目に浮かびます」。

阿部さんはさらに続ける。たとえば、自分が少しでも知っている人が成長した子どもを連れているのを外

葉那が通った日本キリスト教団丹陽教会は今も綾部市新町のかつての幹線道路沿いに建っている

で見かけたら必ず、その子にも「立派にご成人なさって……」などと声をかけたという。それは成人式を迎えるほどに大きくなってというのではなく、「健やかにお育ちになって……」という子どもへの愛情と、育てた親へのいたわりや思いやりの気持ちからでしたと阿部さんは説明する。

阿部さんの目に映った葉那の後ろ姿には波多野林一（郡是製糸）社長の親、創業者の妻というような素振りは全く見られず、ごく普通の家の「おばちゃま」という雰囲気が漂っていたという。

〔平成28年1月13日付〕

毎日曜、教会で礼拝――定席は左側最前列の右

阿部さんの記憶に残っている葉那は「毎週日曜には、上野町の自宅から新町の丹陽教会へ急な坂道をボツボツと下りて礼拝に行かれていました」。

丹陽教会の創立80周年記念誌をひもとくと、鶴吉と葉那はグンゼの社宅に住んでおり鶴吉は社宅住まいのまま他界した。その後、葉那は「教会堂が建つまでは自分の家は建てない」

と頑張っていたが、教会堂が完成したため上野町にあった古家を購入。「教会が近くなったと大層喜んだ」という記述がある。

教会の入り口から祭壇に向かって左側に並ぶ最前列の長いすの右端が彼女の定席。その隣にはいつも、坂の途中に家があった（丹波焼の収集家で知られる）守田種夫氏の母つまさんが座っていた。

葉那の定席だったいすに座る阿部さん（写真右）と徳舛和祐・丹陽教会牧師＝綾部市新町で

葉那は自宅や教会堂の庭の草引き、掃除など動くことが好きだった。また、散歩のついでに足をのばしたという感じで上野町の阿部さんの家をよく訪ねた。そして、いつも「おやつ」の二つ、三つを半紙にくるみ「お孫さんにどうぞ」と阿部さんの母に手渡した。

ある日のこと、葉那は子ども用の黄色い花箱を縫って「こんなことをして遊びましたから、お孫さんの下駄にすげてあげてください」と小さな羊かんと一緒に差し出した。しかし阿部さんの母は、「波多野のおばあさまがご自分で縫われた花箱だから、これは記念として大事に置いとかんならん」とタンスにしまったという。

波多野家の食事は、みんなでそろって食べるのが常だった。近い親類も遠い親類もよく訪ねてきたが、そろって食事をしていた。

阿部さんは、葉那について語る。「小柄なお方でしたが、ご病気ということは一度も聞いたことがなく、至極ご健康だったようです。ところが昭和32年7月28日の昼、おそうめんが気管に入って急逝されたと聞きました。本当に残念でしたが、安らかに逝かれたとうかがいました」

［平成28年1月15日付］

葉那の寄付で開設――新町の愛児園、今は駐車場に

丹陽教会の関係で葉那を知る人々のうち、今も健在である人の数は次第に少なくなってきた。その中の一人、山下明子さん（84）＝並松町＝は綾部高等女学校の頃、日曜礼拝でよく葉那を見たといい「上品で真面目な方だったという印象があります」と語る。

澤田和子さん（82）＝中筋町＝は、綾部商工会議所専務理事として、鶴吉と葉那の養子で

ある波多野林一会頭を支え「あやべ菊人形」の隆盛に力を発揮するとともに、葉那と一緒になって丹陽教会を盛り立てた出口亀次郎さん＝川糸町＝の子ども5人の中の末娘。

葉那の思い出を聞くと「川糸町にあった私の家にも来られたし丹陽教会での礼拝でも顔を合わせましたのでよく知ってはいますが、当然、親しく会話をするという間柄ではありません。ただ、教会の家族を大事にされるなど、教会の陰の力となられました」と語る。

澤田さんは、葉那の人間性が滲み出た代表的なものとして丹陽教会の「愛児園」を挙げる。幼児教育を通して家庭への伝道をしたいという岡崎俊雄牧師の考えに感銘を受けた葉那が当時の金で1千円を寄付。これを元に教会は近所の民家を購入し修繕して昭和4年2月、教会で運営する愛児園を開園した。

丹陽教会の80周年記念誌によると、愛児園は信者の子どもだけでなく一般の子どもにも開放。隣接地に教室が新築されると、立派な遊具やいす、雨傘などが丹陽教会

一時は40人を超える園児が通った愛児園の跡地の駐車場（綾部市新町で）

婦人部や一般信者から次々と寄贈され園児の数は40人を軽く超えるほどの人気を博した。

やがて「このままでは町の幼稚園が寂れてしまうのではないか」という声が聞かれるようになった。このため、2代あとの榎本修牧師の時に「幼児教育よりも日曜学校に力を入れる」ということになり、愛児園は昭和11年3月、閉鎖のやむなきに至って取り壊され、現在は教会の駐車場となっている。

〔平成28年1月18日付〕

澤田さんから貴重な資料――没後1年記念誌「おもかげ」

「波多野鶴吉・はな夫婦の人間愛に満ちた生涯をNHK朝の連続テレビ小説に」――。この願いが叶ったとした時に重要になってくるのは、これまであまり知られていなかった妻・葉那の人物像を出来る限り明らかにすることだ。

あやべ市民新聞の呼びかけに応えて現在までに情報や資料の提供、取材への協力を頂いているのは上野町の阿部千鶴子さん（95）と出口三平さん（69）、中筋町の澤田和子さん（82）、丹陽教会の徳舛和祐牧師（75）など。今後も様々な協力を約束して頂いている。

8日付から始まった連載でも書いたが、葉那について阿部さんは自らの思い出を語るとともに一人の女性を紹介して頂いた。丹陽教会を通じての長い信者仲間の澤田さんだ。

澤田さんも綾部高女の頃に当時90代だった葉那と日常的に顔を合わせたが、会話といっても年齢差もあり、あいさつ程度だった。しかし、その澤田さんから葉那や丹陽協会に関する数点の貴重な資料の提供を受けた。

葉那に関する大切な証言や資料の提供を受けた澤田さんと記念誌「おもかげ」

そのうちの一つが、葉那が亡くなって1年になるのを機に教会が昭和33年7月25日に発行した記念誌「おもかげ——故波多野葉那刀自の追憶——」である。この冊子は現在、数冊しか残っていないとみられるが、同教会の責任者である徳舛牧師の了解も得ており、本連載で内容を今後詳しく紹介していきたい。

江戸末期の万延年間に生まれ、鶴吉と夫婦になった波多野葉那の略歴や数々のエピソードについては、今月末頃から予定している「おもかげ」の紹介の冒頭で掲載する。

それに先立ち20日付からは先日、出口三平さんと二人で訪ねた波多野家の菩提寺、臨済宗南禅寺派の上林禅寺（八津合町、黒川泰信住職）にある江戸時代からの過去帳の記述から読み取れることや、黒川住職の案内で参拝した同家の墓所、葉那の生家の現状などを報告したい。

［平成28年1月22日付］
両親失い鶴吉と結婚――過去帳に夫鶴吉の名前が

暖かい日が続いた1月上旬の晴れた日。出口三平さん（69）＝上野町＝と私は、八津合町村中にある臨済宗南禅寺派の上林禅寺（黒川泰信住職）を訪ねた。

江戸時代に藤懸氏の領地にあって城山の麓（ふもと）の大地主で庄屋だった波多野家の菩提寺は元々、家の近くにあった永勝寺だった。しかし近年、同寺が廃寺になったため今は上林禅寺が引き継いでいる。

葉那は万延元年（１８６０）、中上林村八津合小字馬場の波多野家から分家した祖先を持つ波多野茂隆とたねの長女として生まれた。分家した祖先は本家の当主から可愛がられ、本家から約２００メートル先に与えられた広い敷地に家があったという。

ところが、父茂隆は葉那が６歳の時に亡くなり、親戚筋の羽室家から鶴吉が養子に入った。しかし３年後の明治2年（１８６９）には母たねも死去。両親を失った葉那は、上林を出て京都や大阪で学んでいた鶴吉と結婚することになった。

上林禅寺の黒川住職から先日見せてもらった過去帳には、大正7年から8年にかけてのページの欄外に、後から書き込まれたと思える波多野鶴吉の俗名と戒名が記されている。

鶴吉は当初、京都中学に入って数学を専攻し「啓蒙方程式」を出版するなど熱心に学んでいた。しかし、その後は書店を開いたり塾を始めたり製塩業なども営んだりしたが、ことごとく失敗。妻はなの追悼集「おもかげ」の中の記述によると、自暴自棄になって京の町で放蕩の限りをつくし、つ

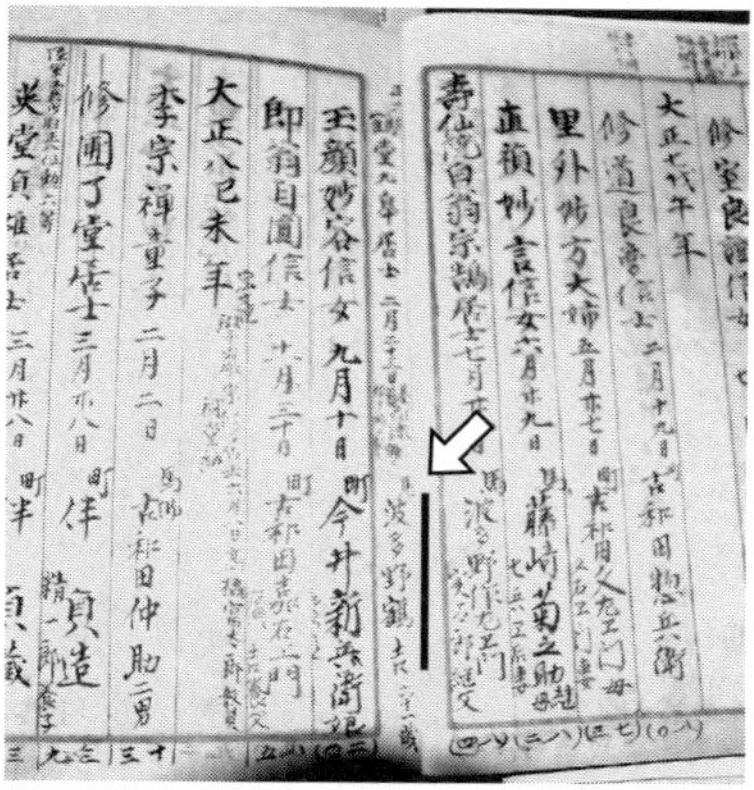

大正７～８年の項の欄外には、後から書き加えられたと思われる鶴吉の俗名と戒名が記されている

いには養子先である波多野家の資産を食い潰してしまった——という。

この間、親戚の間では上林の家で鶴吉を待つ葉那に離婚を勧める声が強まったが、葉那は頑として首を縦に振らず、鶴吉を信じてひたすら待った。やがて、失意の末に帰郷した鶴吉は葉那と羽室家に身を寄せ、代用教員などをしながら葉那との新婚生活を送ることになった。

［平成28年1月27日付］

八津合町に夫婦の墓——隣の墓所には両親の墓も

波多野鶴吉と葉那夫婦のことを少しでも知りたいと、波多野家の現在の菩提寺である上林禅寺（八津合町村中、黒川泰信住職）を訪ねた出口さんと私は、過去帳などを見せてもらったあと、黒川住職の案内で、鶴吉と葉那夫婦の墓参りに向かった。

夫婦の墓は八津合町馬場の集落を見下ろす低い丘の中腹で、ごく近年に廃寺となった永勝寺跡のそばにある。ここは、かつて上林氏の居城があり、ふもとに藤懸氏が陣屋を置いた城山からほど近い。

波多野家本家の墓の横に鶴吉夫婦の墓があり、いずれも手入れが実に行き届いている。花を供え墓前で手を合わせたあと、夫婦の墓石の裏側を見ると、そこには敬虔なクリスチャンとして生きた夫婦を称える言葉が刻まれていた。

「その身を神の為に摘う　清き活ける祭物と為して神に献げよ　是は当然の祭なり」

鶴吉と葉那夫婦の墓と隣合わせた墓所の墓石に刻まれた文字を黒川住職と出口さんに見てもらうと、葉那の父で江戸時代末期の慶応2年（1866）に亡くなった波多野茂隆の名前が何とか確認できた。

これらの墓は、鶴吉が養子に入った波多野家の本家が今も管理している。平成15年3月に発行された綾部市勢要覧の「歴史コラム」欄には波多野家の本家を継ぐ波多野貞さん（故人）が写真入りで紹介され、すぐ近くに住んでいた葉那の思い出を次のように語っている。

「鶴吉翁は上林に住んでいた期間が短く余り詳しいことは

波多野鶴吉・葉那夫婦の墓（写真左）と、その隣に整備された葉那の両親や祖先が眠る墓＝綾部市八津合町で

知らないが、花さんのことは憶えています。体は小さかったが芯は強く、特に躾に関しては大変厳しい人でした。昭和30年代前半ごろまで、鶴吉翁の命日にはグンゼの社員らがお参りされていたことを記憶しています」（原文のまま）

［平成28年2月1日付］

墓を守るのは当たり前——葉那から直接「よろしく」

昌子さん（写真左）が葉那と昭和32年1月に出会った波多野本家は昔、造り酒屋だった＝綾部市八津合町馬場で

同じ八津合町馬場にある葉那の本家は直系だった波多野貞（ただし）さんが亡くなったあと、妻の昌子（あつこ）さん（82）が本家のほか、鶴吉・葉那夫婦とその両親や先祖の墓地の管理をしている。

坊口町で生まれ育った昌子さん

が造り酒屋だった波多野の本家に山を越えて嫁いだのは昭和32年。グンゼの社員だった父の強い勧めで、グンゼ創業者の本家を継ぐ貞さんと結婚することになった。

話がまとまった同年1月、つまり葉那が急逝する半年余り前に昌子さんは葉那と本家で一度だけ出会った。葉那は廊下からトコトコと歩いて部屋に入ってきた。「上品で小さく可愛らしい方でした」。

そして葉那から、こう言われたという。「あんたがこの家に嫁に来る子なんやな。いずれは私の家の墓も大事にしてもらわんなんかもしれんけど、よろしくな」。そんな一言を昌子さんは今でもはっきり覚えており、笑いながら語る。

「だから今、私が波多野の本家や葉那さんの家の墓を守るのは当たり前なんです。ただ、私の子どもや孫は時々、一緒にお墓の掃除をしてくれていますから孫までは大丈夫と思いますが、その先はどうなりますかねえ」

上林禅寺によると、波多野本家や分家した葉那の生家の菩提寺だった永勝寺は昭和42年に廃寺となった。

あとを引き継いだ同寺の過去帳にはクリスチャンだった葉那の戒名はない。だが鶴吉については、後年に書き加えられたと思える「鶴堂九皐居士」の戒名が欄外に記されている。

この戒名は詩経の「九皐鳴鶴（きゅうこうめいかく）」（深い谷底で鳴いても鶴の声は天に聞こえるということから、賢者は身を隠しても名声は広く世間に知れ渡るという意味）に由来するとみられ、黒川泰信・同寺住職は「鶴堂は鶴吉翁の号であり、先輩住職が鶴の声が9つの上林谷に響き渡るという雄大な戒名を付けられたのでしょう」と話している。

［平成28年2月5日付］

葉那の生家「鶴吉屋敷」――丹波の優しい山懐に抱かれて

葉那は万延元年（1860）、丹波の優しい山懐に抱かれた中上林村八津合馬場（現在の綾部市八津合町馬場51）で波多野茂隆、たねの長女として生まれた。葉那の生家の建物は今、影も形もない。しかし、昔は村で「鶴吉屋敷」と呼ばれ、敷地は今とは比べられないほど広かった。

現在の敷地は間口17メートル余り、奥行き22メートル余りだから約120坪（約390平方メートル）で更地になっている。屋敷の跡に立って周囲を見渡すと、波多野本家までは直線距離で120メートルほど。城山もすぐそこに見える。

鶴吉屋敷の跡地の近くに住む石井保成さん（82）に鶴吉のことを尋ねた。すると石井さんは、父親から聞いた話の内容を「昔からの座繰り仕事ではこれからはあかんと、（のちの郡是製糸に見られる）近代的、合理的な製糸業のあり方を鶴吉は示した。先の読める男で、いずれ頭角を現す男だと周囲から一目置かれていた」と語った。

本家（写真右奥の屋根が見える家）や城山（左奥の丘）が見渡せる葉那の生家の跡地＝綾部市八津合町馬場で

　鶴吉と葉那が仲良く永久（とわ）の眠りについているかのような夫婦の墓は今、永勝寺跡の裏の墓地に整備された波多野本家の墓と並んで立っている。本家の墓を守ってきた波多野貞さんが亡くなってからは、妻昌子さんと子どもたちが管理している。

　会社創業者の鶴吉とその妻の墓とあってグンゼも、墓地に続く道や石段の整備には協力を惜しまなかった。今も毎年のお盆と年末には、グンゼを代表して社員たちが墓参りと掃除に訪れている。

　鶴吉の遺骨は分骨され、大正11年（１９２２）に建立された波多野鶴吉記念碑（神宮寺町、南ケ丘公園内）にも納められている。毎年4月、入社式を終えた新入社員たちがここを訪れて墓参と掃除をするほか、2月23日の鶴吉の命日にはグンゼの幹部たちが参列して「碑前祭」が営まれている。

［平成28年2月8日付］

余生の大半「愛の実践」

冊子「おもかげ」──故波多野葉那刀自の追憶── より＝原文のまま＝
（日本基督教団丹陽教会が葉那の一周忌に合わせて昭和33年7月25日に発行）

はじめに

わが丹陽教会の母、信仰の大先輩と仰いでいた波多野葉那刀自が昇天されてから、早くも一周年となった。日がたつにつれ、刀自を慕う思いは、われわれの胸に切々として蘇って来るのである。

刀自が、夫君鶴吉翁のよき後盾となって、あの大事業を完成せしめられた功績の数々は、きけばきく程その偉大さに感嘆するのであるが、更にその基督教の信仰から湧き出づる、至純至高の「愛」の行者としての徳行を偲ぶものは、刀自逝いて今や益々感激を新にし、追慕の念いよいよ切なるを覚える。

聖書に「爾、右の手にてなしたる業を左の手に知らす勿れ」とあるが、刀自の愛の実践は、いつも隠れた所に於て多くなされた。生存中、人知れずなされた愛の業の、今なお受けたものの以外には、そのまま埋もれている事が如何に多いことであろう。

思うに、刀自の余生の殆んどは、実にイエスが教え給うた愛の実践であった。刀自こそ忠実なるイエスの僕としての真髄を発揮された人であり、黙々たる愛の行者であった。

ここに、われらは刀自の遺徳をしのぶものの衷情を集め、その懐かしくも崇高な足跡をたたえると共に、後の世を継ぐもののよき鑑たらしめんとして、本書を編集した。

今、天上にあって、微笑み居給うであろう刀自の温顔をまぶたに描きながら、これを大方諸兄姉に贈って、永く魂の糧たらしめたいと願う次第である。

故波多野葉那刀自の葬儀は昭和32年8月5日午後2時から丹陽教会堂で、多数の花と会葬者に埋もれて、悲しみのうちにも盛大壮厳に行われた

教界の諸師先輩を始め刀自との近しい思い出をもたれる方々から尊い原稿をいただき、又特に丹陽教会の長老佐々木小太郎氏、郡是誠修学院の山崎隆先生に、一方ならぬ御協力を賜った事を附記し、つつしんで深き感謝を捧げるものである。

昭和三十三年七月二十五日

波多野葉那刀自

昇天一周年記念の日

編集委員一同

［平成28年2月10日付］

夫の大成を信じ後ろ盾に

冊子「おもかげ」――故波多野葉那刀自の追憶――より＝原文のまま＝

故波多野葉那刀自は、万延元年十二月十五日、京都府何鹿郡中上林村八津合小字馬場五十一番地の名門波多野茂隆、同たね両氏の長女として呱々の声を挙げられましたが、六歳にして父を失い、十歳で母に別れ、十三歳の時にただ一人の肉親として残られていた祖母を亡くし、全くの孤児となられました。

刀自の波瀾多き人生の第一歩は、すでにここに始まったのであります。後見人・羽室作兵衛氏がその後の世話に当られましたが、刀自のためには同家に養われていた三つ年上の鶴吉氏が最大の頼りでした。その鶴吉氏も亦青雲の志止み難く、当時十五才の葉那刀自を残し遊学の途に上られましたが、後見人・羽室作兵衛氏が死亡されたので、翌年鶴吉氏を大阪より呼び戻して、明治九年鶴吉氏十九歳、刀自十七歳にて結婚されたのであります。

故波多野葉那刀自を慕う多くの人が参列して行われた葬儀（昭和 32 年 8 月 5 日、綾部市新町の丹陽教会で）

然るに鶴吉氏は尚向学の念抑え難く間もなくこの年若き夫人を残して、再び、京の地に遊学されましたが、紅灯の巷に興味を覚え始めた鶴吉氏は、遂に郷里も新妻も眼中になく、時々帰郷しては家財を持ち出すという状態で、新婚の夢も葉那夫人には全くはかないものであり、忍苦の連続でした。

親類縁者は離婚を迫り、世間は夫君を道楽者として誹るに至りましたが、刀自は飽くまで夫を捨てず、離婚のすすめを断乎として退け、ひたすら夫を信じてその帰国を待ち続けられました。

　明治十四年、夫君が都会生活に敗れて、郷里に帰られるや、夫の過去を少しもとがめることなく、温き愛情を以て、これを迎え、力づけ、鶴吉氏の実家羽室家に引きとられてからは、羽室組製糸工場に働き、夫人は毎日ランプの掃除などして日当二銭を稼ぎつつ、始めて落ついた夫婦生活に入られました。

　明治十九年三月、夫鶴吉氏が小学校教師を辞して蚕糸業界に転身されるや、蛟竜は遂に池中のものならず、非凡の才能と情熱とは数々の偉大なる業績を累ね、明治二十九年、郡是製糸株式会社を創立さるるに及んで、名声は次第に高く、大正七年二月、我国蚕糸界の大恩人たる功績と栄誉を残して急逝されるまで、四十二年間の夫婦生活は、葉那刀自にとって忍苦と波瀾そのものだったといえましょう。

　この間、窮すれど屈せず、栄ゆれど驕らず、ひたすら夫の大成を信じ、終始その後ろ盾となって、貞女の誠をつくされ、今日の世界的大郡是の社礎建設についての涙ぐましい夫人の協力の跡を顧る時、一半の功績又葉那刀自に帰すべきものありといわねばなりません。

　〈　中略　〉

今や天上において神の座に加わり、先に昇られし夫君と共に相見えて、親しく語り居給うでありましょう刀自の生涯を追想して、茲にその栄光を讃えたいと存じます。

昭和三十二年八月五日

告別式の日

出口亀次郎記

【平成28年2月12日付】

冊子「おもかげ」――故波多野葉那刀自の追憶――より＝紙面の都合で原文を大幅に割愛＝

「ランプのおばさん」

波多野葉那刀自　告別式式辞

丹陽教会牧師　　塩見森之助

すぐれた声楽家の音楽を聴く時に、私どもは、その伴奏者の尊さも亦忘れることができません。又、大洋を航行する大きな汽船には、その見えない狭い船底に、油によごれ、汗にまみれて、日夜働いている機関部員のあることを、私どもは、忘れることができません。

我らの気高い実業家波多野鶴吉翁を偲ぶ人は、誰でもその尊い内助者葉那夫人を忘れることができないでありましょう。

私どもが、葉那刀自のダイヤモンドのように光のある多角的な御人格を偲ぶ時、誰の心にも浮かんでくるのは、刀自の勤労精神が最後まで盛んであられたということです。御略歴にもありましたように若い頃、失意の御主人とともに、御実家の経営になる羽御実家に身を寄せられた頃は、御実家の経営になる羽室製糸工場でランプの掃除や、それに火をつけること等を忠実に奉仕されたということですが、これは、その工場が郡是製糸になったということです。そのため、人々は刀自のことを、「ランプのおばさん」と申したということで尊いことです。

殊に、刀自は六才で父君に死別され、十才で母君をなくされ、十三才で杖とも柱とも頼る祖母君をなくされて、早くから孤独の寂しさを、味われた故でもありましょうか、岡山孤児院とか、家庭学校とか、支那の学園とか申しますような、薄幸の子らを収容している団体には、恒に多額の財的援助されていたようであり、

「波多野鶴吉翁銅像除幕式」に出席した葉那（昭和 32 年 5 月）

又、わが教会の付属愛児園の創立、経営に多大の御援助をいただきましたことは、いつまでも忘れることが出来ません。

まことに信仰の人には、恒に大きな感謝の心が溢れているものですが、刀自は晩年特別に「感謝です、感謝です」と逢う人毎に始終申されていました。聖書の中に「凡ての事常に感謝すべし」とあります通りの御生活です。

刀自については、なお申し上げたいことが沢山ございますが、残念ながら、今日はその時を得ません。希くは、刀自の御霊の上に、神さまの尊いお守りがいつまでもありますよう、お祈り申し上げたいと存じます。

刀自の愛が翁を支えた

【平成28年2月17日付】　冊子「おもかげ」——故波多野葉那刀自の追憶——より＝原文のまま＝

弔辞

波多野葉那刀自に献げる

郡是製絲株式会社代表　石田一郎

本日、私達、波多野葉那刀自と永別いたしますに当りまして、郡是製絲株式会社を代表して、尽きぬ思いの一端をのべて惜別の誠を致したいと思います。

私共の会社は、明治二十九年、刀自の御夫君に当られる波多野鶴吉翁によって創立せられたのでありますが、昨年は創立満六十年に相当致しますので、誠にささやかながら、記念式を挙行致しました。その際刀自は九十六歳の御高齢ながら、健やかなお姿を見せて下さいまして参列者一同、大いなる喜びと、深い感銘にうたれ、この上尚幾久しき御長寿を祈った次第でありました。

この式典で刀自の令嗣たる社長は、式辞を朗読されて、創立者の理想のあるところ、その実現に伴う種々なる苦難等を縷々申しのべられましたが、その苦難は皆、刀自と共にせられたものであることに思い至り、私共一同一層敬慕の情を深く致したのであります。

石田一郎社長の弔辞には、1年前の会社創立60周年記念式に出席した96歳の葉那のことが含まれていた（写真は記念式の日の葉那）

誠に波多野鶴吉翁の前半生は、波瀾を極めたものであり、後半生は打って変った会社と社会への犠牲献身のものでありましただけに、伴侶であらせられた刀自の御心労は、並大抵のことでなかったことと拝察致します。
波多野翁が、あの京都時代を清算し、悔改めて、郷里にお帰りになったのは、刀自が、妻として翁に捧げられた貞節の誠が、翁の心を動かした結果であり、その日から明治十九年、翁が何鹿郡蚕糸業組合長になられるまでの六カ年の歳月は、まことに翁にとって、最も大きな試練の時期でありましたが、翁がよく、これ等の試練に耐えることが出来ましたのも、刀自の不断の祈りと、尽きぬ愛情が支えていたからであります。
会社は創業当初から誠に屢々苦境に立ちましたが、その度毎に、信仰から来る慰めと励ましとを以って社長たる翁を支えられた事は、皆、人の知るところであります。
ある時は職工と共に勤労の汗を流し、
ある時は暗い浴室にランプをともし、
ある時は養生院に病める職工を訪い、
ある時は人知れず人の草履を揃え、
ある時は会社の来客を接待せられる等、人の見えない処で会社に尽くされた貢献は枚挙に暇がありません。

創業者たる波多野翁は、共存共栄という事業上の理想を計画し、実現した人でありますが、凡て、主人たる男子の理想は、妻たる夫人と協力なくして成し得るものでありません。今私共の会社は、幸にして順調で、他の大会社に伍して、社会と国家とに応分の貢献を為すことが出来ますのは、全く創立者たる波多野翁の遺徳の然らしむるところであり、翁の遺徳は又、多く刀自の内助の功の致すところであります。茲に衷心より刀自の御霊に対し、限りなき感謝を捧げ奉ります。（中略）

波多野鶴吉翁が会社の父なら葉那刀自は会社の母であります。お姿は最早見ることは出来ませんが、心は却って近きを覚えます。何卒波多野翁と共に私共の会社を永遠に見守って頂きますよう心からお願い申し上げます。

冊子「おもかげ」――故波多野葉那刀自の追憶――より＝原文のまま＝

【平成28年2月19日付】

弔辞　波多野姉を送る ― 丹陽教会　永井博

（前略）

刀自はこの世に於ては良き妻であり、賢明なる内助者であられ、また慈愛深き母君であり、おばあ様であられました。更に教会に於ても忠実なる信者であり、多くの人々のよき相談相手であり、また温かき援助者であられました。

幼児の宗教々育には、最も意をつくされ、その一つの顕れとして丹陽愛児園の創設に力を尽され、その他様々なる社会事業のために多くの浄財をおささげなさいました。

刀自は、人の前に於ては一言の説教らしいことも申されませんでしたが、あの日々の御生活は無言の説教でありました。人の嫌う事も進んでなされ、小さな事でも人手を煩わさず、主が御弟子の足を洗い給いし如く、一日一日の御生活は全く信仰の実行の連続でありました。死の前日まで自分にできる仕事を探していられたと承っております。

今突如として神様のお召しをうけられ、再びその温容に接しその静かなお言葉を聞くことはできませんが、信仰による霊の交りのできますことを喜びといたします。御遺族の上に、また教会の上にお取なしのお祈りをして下さい。神様の御許に於て、永遠のいこいに入られました刀

葉那が祈りをささげた丹陽教会の内部
（綾部市新町）

自の御魂の上に、主の御栄光の豊にありますようにお祈り申し上げましてお別れの言葉といたします。

弔辞　お別れの言葉――丹陽教会婦人会代表　高橋千代

丹陽教会創立者の御一人で、私共の敬慕致します波多野鶴吉翁の未亡人葉那刀自は実に私達婦人の亀鑑と仰ぐお方であられると共に、わが教会の至宝としての御存在で、いつまでもいつまでもこの地上において御奨励下さいますことを望んでまいりましたところ、去る七月二十八日、突如御急逝の御報に接しまして、驚きと悲しみに一時は暗い思いに閉されましたが、承りますれば、その日も平素と少しもお変りなく、御昼食中に急変あそばされ、御愛孫鶴子様のお膝に社長様御夫婦に看られながら、幼児が慈母に抱かれて眠るが如く、いと安らかに永久の眠りにおつきになりました御由で、イエス様が仰せになりました「幼子の如くならずば天国に入ることは出来ぬ」とのお言葉の通り、永遠の国にお昇りになられ、善且つ忠なる僕と、神様からお褒めの言葉にあづかられて、御夫君とお揃いでパラダイスにお住まいのことを信じ感謝でございます。

刀自が神様の喜び給うすべてを成し尽し、波多野翁のよき御半身として、立派に婦道を全うなされましたその偉大な御足跡を汚すことのないよう、私共婦人会員一同は、いよいよ信仰にはげみまして、頂きました御高恩にお報い出来ますよう努力致したく存じております。

（後略）

【平成28年2月24日付】60の手習いで達筆に

冊子「おもかげ」――故波多野葉那刀自の追憶――より＝原文のまま＝

追懐座談会

波多野刀自を送って二ヵ月目の昭和三十二年九月二十九日、生前刀自と親しくしていた有志が、丹陽教会に集まって追懐座談会を開いた。以下はその記録である。

【司会】佐々木小太郎氏【出席者】小雲嘉一郎氏、山崎隆氏、志賀藤治郎兄、安村平治郎兄、出口望兄、代山しげ姉、川崎かね姉、橋本りん姉、岸辺ふさ姉、羽室琴枝姉、田中しげの姉、安達きくゑ姉、出口さと姉、塩見とし姉、鴨志田のぶ姉、中山信惠姉、佐々木静子姉、高橋千代姉、飯田駒枝姉

【司会者（佐々木小太郎氏）】今回、波多野葉那夫人の追懐誌を作りたいと思う目的は第一に、夫人の御生涯を以て私達後進の、私共ばかりでなく、ずっと後までもの教えと致したいこと。第二に、当教会は夫人から、いろいろと御援助を受けてきましたから、これに対して謝恩の微意を表したい。そして、これを夫人の霊に捧げたい。従来の伝記ものを読むと、それは美談集であり、読みながら、なる程立派な人だとは思いますが、そのあとから、とても及びもつかぬ私共には後に続けないというわけで、自分の成長にこれを役立てようとしません。それでは何の役に立ちませんから私共が出します追懐誌は、出来るだけ、もとより批判は慎むべきですが、人間味もとりまぜたものにしたいと思います。今日の懇談会も、ありし日の夫人に対する御感想を腹蔵なくお話していただゞきたい。こんなことを話しては恥ずかしいなど思わないで、御遠慮なくお話しして頂きたいのです。

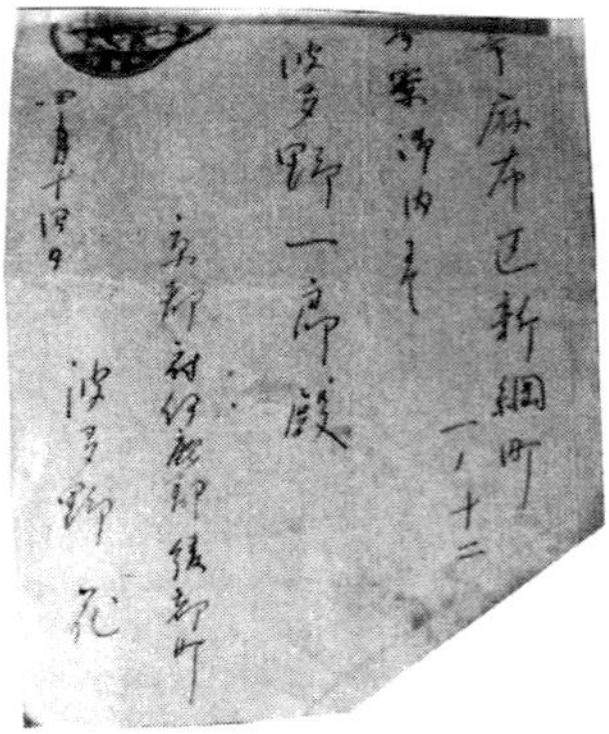

孫の波多野一郎に宛てた葉那（花）の自筆の手紙

【小雲嘉一郎氏】夫人のお母さんは御病身で、夏でも足袋をはいておられる程でありました。その子であった夫人も小さい時は病弱でした。上林の領主藤懸氏の代官であった石井半蔵氏の弟石井六郎氏から学ばれました。しかし夫人によると、その勉強は勉強半分、遊び半分のようなものだったそうです。後に伴精一郎氏の夫人になられた紺屋のおたねさんは、夫人の勉強友達だったそうです。夫人は十四の時、大患いをされました。それから病みぬけて丈夫になられました。おばあさんは字が大層上手でしたが、こんな小さい時から稽古せられたからでありましょう。

【山崎隆氏】ご隠居さんの御筆蹟は、六十の手習いであったそうですよ。私は由良団次郎さんの未亡人からお聞きしたのですが、字が下手なのを残念に思われて、ずっと後になってから稽古を始められました。そして、あれだけの達筆になられました。それで由良夫人はお子さん方に、社長さんの奥さんを御見習するがよい、と言って教えられたということです。

【羽室琴枝姉】延の隠居（翁夫婦は、会社に社宅の出来るまでは、延の羽室家の隠居で起居しておられた）で、一生懸命、習字の稽古をしておられるお姿をみました。社長さんの帰りが遅い晩は、習字をしながら、お待ちになりました。

［平成28年2月26日付］

羽室家では「しまい風呂」

冊子「おもかげ」――故波多野葉那刀自の追憶――より＝原文のまま＝

【佐々木小太郎氏】ご隠居さんの七十七のお祝いの時に、袱紗を頂きましたが、それに、七十七はなと、お書きになっています。よく出来ております。羽室家にお世話になっていられる頃の、ご隠居さんは、女中と同じように働かれたということです。お風呂などは、一番しまい風呂をもらわれたそうであります。

【山崎隆氏】羽室作兵衛という方がありまして、これは翁の父、嘉右衛門さんの実弟であって、この方が波多野家へ鶴吉翁の後見人として来ておられました。作兵衛さんに娘さんがあって、夫人は、この娘さんを自分の妹として

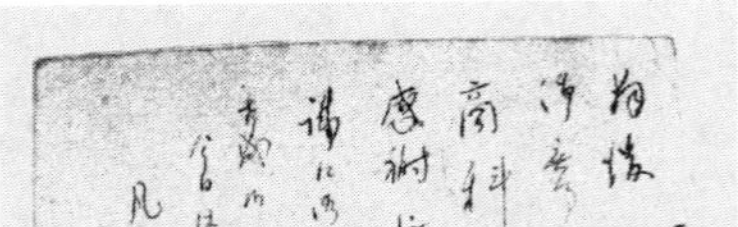

孫である一郎の早稲田商科合格を祝福する葉那の直筆の手紙

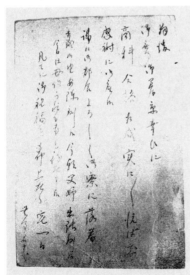

育てられました。上林での留守は、この妹さんと二人でされました。羽室家でお世話になられた時もこの妹さんをつれて行かれました。それで羽室家へは翁と夫人と、この妹さんと三人でお世話になっておられたわけです。この妹さんは後に、宮津の三宅さんという方の所へ嫁がれました。夫人は「お前が器量が悪いから鶴吉が、ごくどうしたのだ」と悪評を受けられることもあったということです。

【飯田駒枝姉】私が病気で寝ているときに、「おまえの希望は」と主人が尋ねますから、「私はお茶やお花もさることながら、神様への信仰に生きてゆきたい」と答えました。すると主人は、ご隠居さんに手紙を書いて、私の願いをご隠居さんに伝えてくれました。これはその時、ご隠居さんから、私が頂いた手紙であります。(略)

【佐々木小太郎氏】

(前略)

ご隠居さんには、気の強いところがありました。波多野翁が、学校(郡立綾部女学校)で倒れられまして、唯、息だけしておられる時……私もハンカチを水でぬらして、頭を冷やしてあげた一人でありますが、ご隠居さんは、羽室松枝さん(翁の実兄の御夫人)とお二人で、悠々と入ってこられました。慌てゝおられる様子もなく、悲しそうにしてもおられない。周囲に居る者に挨拶をせられて、それから病人に近づいて行かれました。私は、このお二人の態度を見て、この人達は、気の強い、あわてることを知らない人達であるということを、若い心に感じました。これは、まだ至らぬ私の心に、そう映ったのでありまして、これは、如何なる場合にも動ぜぬ、とり乱さない立派な御教養のある姿であることを、後に至って悟りました。

【波多野次郎氏】波多野家の御本家の当主実氏は、明治四十一年から、数年波多野家で養われていました。その時実氏は、紐のついたばっちをはくのを嫌がりました。すると夫人はそんな気儘なことを言ってはいけないと言って、ばっちをはかせられなかった。とても厳しく薫陶せられたものだといゝます。会社の男子寮生が朝寝坊をするので、社長は、羽織・袴で、朝の寮舎を巡視された。その羽織・袴のひだがシャンとついていました。それは、夫人のお心づかいによるものでしょう。

［平成28年3月2日付］冊子「おもかげ」――故波多野葉那刀自の追憶――より＝原文のまま＝

艱難をも「感謝せよ」

【佐々木小太郎氏】明治三十五、六年の頃でありますが、私は、算盤が少し出来るというので、木下与三郎さんの後任として会社に勤務いたしました。その頃、社長と事務所の二階で枕を列べて寝ました。翁は着物も帯もちゃんと、たゝんで布団の下に敷いて寝られました。ある日こんなふうな話をして下さいました。「ある一人の盗人があって、ある家を窓の外から、のぞいて見ると、きちんと整理がしてある。隣は、その反対であった。盗人は、その不整理の家へ入ってものを盗んだそうな」。私は、この話をよその事のように聞いていましたが、今となって考えてみると、遠まわしに、私に教えられていたことで、恥ずかしく

南ケ丘（綾部市神宮寺町）の波多野記念碑

思っています。今私は、袴のひもを士結びに結びますが、これは波多野さんに教えてもらったものです。その当時、私は、そんな被物のことなど男はしなくてもよいと思っていましたが、恥かしいことです。

【波多野次郎氏】掃除を教えたのは叔父であり、それを監督するのは叔母であったということです。

ひ孫の弘子さん（波多野一郎さんの長女）らとともに写真に収まる葉那

【佐々木小太郎氏】ご隠居さんは物を大切にして、破れたら、つくろうて、つくろうて、いつまでも用いられました。

【代山しげ姉】私は昭和七年に、下関から当地へ、まいりました。昭和十年に信者になりました。高倉さんのお宅での婦人会で初めて、ご隠居さんに、おめもじいたしました。その会のあとで、ご隠居さんと高倉さんとに、私のくやみ話をいたしました。その時、ご隠居さんは、ロマ書の第五章をお開きになりまして、艱難（かんなん）をも「感謝せよ」といって、慰め励まして下さいました。

原先生が当教会へおいで下さった時のことであります。

私は皆さん方と御一緒に、牧師館へ掃除に行きました。ご隠居さんもおいでゝございました。ご隠居さんは外へ出られて、赤土を抱えて、とってきて、おくどさんを塗られました。隠れた用事をするのはこういうことだ、こういうようにあらねばならぬと思いました。そして涙をこぼしました。ご隠居さんには、どこか気高いところがあると思いました。ある日、私は、風邪をひいて休んでいました。そのとき、ご隠居さんが「あなたは一人で休んでいられる。すしを握って、のりで巻いて持ってきました」といって、私のところまでお見舞いに来て下さいました。米の木は、実れば頭をかがめると申します。虫にも足らないような私にも、お心をかけて下さる。私は何たる幸せかと心でおがみました。

又、朝早く、筍を五本ほど、雨の中を傘をさして持ってきて「食べて下さい」と言われたことがあります。狭苦しい処でありますけれど、おあがり下さいまして、お茶を飲んでほしいと思いましたが、早く帰らねばならぬと言って帰られました。口にいうことは、身に行わねばならぬということを学びました。（後略）

［平成28年3月7日付］

質素だった葉那の服装

冊子「おもかげ」――故波多野葉那刀自の追憶――より＝原文のまま＝

【山崎隆氏】代山さんは、いくつにおなりになったのですか。

【代山しげ姉】八十七になりました。

【波多野次郎氏】私の家内が、波多野家で、おばあさんの室で泊めてもろうたことがあります。家内は、温い布団にやすませて頂き、おばあさんは粗末な布団におやすみになりました。午前二時頃、目がさめましたら、おばあさんは机の前で聖書を読んでおられました。午前四時頃、また目をさましますと、おばあさんは、ちゃんと起きて庭の草とりをしておられたと申します。

【中山信恵姉】会社に火事がありました時、主人が駆けつけましたが、便所のかげで奥さんが祈っておられるお姿を見たそうであります。私は城丹の製糸部を出たのでありますが、卒業後、しばらく製糸部で温習していました。食堂に中村さんというおばさんが私に、「色々のものを私のところへ持ってきて下さる。もったいないことだ」と私によく話されました。

ご隠居さんは、よい身分のお方でありましたが、憐みの深い人でした。それは、苦労をせられた方であるからと思います。ご隠居さんは、又ご質素な人でありました。また大層婦徳の高い人であると思います。

この御婦徳が世に知られたら、きっと尊敬せられると思います。善事をして決して誇らない人でした。すこしも偉そうにしない人でした。それでお言いになったことのあと味のよいお方でした。ある時「中山さん、東京と、ここと、どこか違うところがありますか」と、ご隠居さんが尋ねられました。私は、綾部は派手であると思っていましたので、「西町から郡是にかけて、東京と変わることがありません」と申しましたら、「そうでございますかい」

息子林一の家族と一緒に暮らした綾部市上野町上野の自宅玄関前に立つ晩年の葉那

といかにも感慨深そうに言われました。それは郡是のことを自分のことのように思っておられるご隠居さんの胸を痛めた言葉だったと思い、誠に申し訳なく思っています。又ご隠居さんには、お心の中に強いところがおありでして、何か願い事でもあれば二日でも三日でも断食しかねまじき人でありました。

【佐々木小太郎氏】波多野翁の葬式の時の、夫人の服装は質素なものでした。紋つきではありましたが、もうちっとらしくと思われる位のものでありました。これは、すれば出来るけれども、せられなかったのでなく、出来なかったからだと思います。波多野翁は社長でありましたけれども、貧乏でありましたから。後になって融通が利くようになりましてからは、それにつれた服装をしられるようになりました。波多野翁は、自らを奉ずることの薄い人でありました。

［平成28年3月9日付］
聖書の言葉で仲直り

冊子「おもかげ」――故波多野葉那刀自の追憶――より＝原文のまま＝

【飯田駒枝姉】波多野翁が、道楽をせられていた頃、奥さんは二号さんと一緒に生活しておられ二号さんが幅を利かしておりました。その二号さんが、茶碗を奥さんの額に投げつけました。波多野さんが帰ってこられて、「その額の傷はどうしたのか」と尋ねられますので、「私が不調法をしたのです」と言われました。二号さんが、「それは私がしたのです」と言われました。波多野さんは、その時「私の妻はお前しかない」と言われて、二号さんを帰してしまわれたという話があります。

【小雲嘉一郎氏】そんな話は初めて聞いた。私は信じられん。いつ、どこで、二号さんと一緒に暮らしておられたか、考えもつかない。波多野さんは、祇園に、島原に居続けたとか、祇園芸者を身受けして同棲していたとか、祇園芸者を総揚げして車を連ねて伊勢参宮をしたとか、そういう話もありますが、郡是におられた村島さんが、確かなところから詳しく調べられて、誤りであることは、はっきりしています。若い時に道楽をせられたのは、波多野さん自ら告白せられるところです。しかし、それは遊学当初の十八才から二十才頃までの短い間で、二十過ぎた頃には道楽はやんでいたのです。山崎先生が今度の「ぐんぜ」に、夫人が京都まで翁を迎えてゆかれたことを書いておられますが、どうも、それを信ずる気にもなりません。

【山崎隆氏】上林から、もう何も仕送りすることができなくなったとき、葉那夫人が京都へ面会

明治 42 年にアメリカ絹業協会会長としてスキンナー（写真前列の右端）ら一行が来日して綾部の郡是を訪問した。鶴吉は前列の左端、その隣が葉那＝座談会の文中に登場する由良団次郎氏の孫大司さん提供

にお行きになったことは私が昭和三十二年八月二日の夕暮、由良平八郎さんの玄関で、おばあさん（りゅうさん）から聞いた話であります。それから九月十四日、由良さんのおばあさんに私の家まで来て頂いて重ねて、その事についてお尋ね致しました。そのとき、こういう話をしられました。

ある日のこと、夫人が、かびの生えた少しばかりの昆布を塵箱に棄てられましたそうです。それを波多野翁が見つけられて、ひどいこと夫人を叱られたそうです。繰り返し繰り返し叱られたそうです。それでとうとう夫人は腹を立てられて、お隣の由良さんのところへ行って、団次郎さんの夫人に「こんなこともあったのです」といって物語られたのが、これだというのであります。

京都へ行かれて、夫人は翁に、「親戚の人は、あなたを見切ってしまえと言われます。子かたも迎えてくれません。世間の人も相手にしません。心を治してもらいたい」と話されました。翁は、それを聞いて「フン」と言われました。そして、「いね」と言われた。夫人が、上林へ帰られて二、三日したら、翁が上林へ帰られた。誰も出迎えるものはなかった。夫人は翁に「こんなことになってしまっていますから、なんとか処置しなければならぬ」と話されると、翁は「わかった」と言われた。そして「それでは、しばらく延で世話になろう」ということになって、翁と夫人と、作兵衛氏の娘さんと三人、延へ行かれた、という話を、由良さんは重ねてして下さいました。

【小雲嘉一郎氏】それで、よくわかります。話が合います。

【波多野次郎氏】お二人は時折、喧嘩(けんか)をされたそうです。正しいのは夫人で、翁は黙って聞く方だった。それから聖書の言葉など引き合いに出して仲直りされたそうです。

［平成28年3月11日付］

教会で草引き、質素な生活

冊子「おもかげ」——故波多野葉那刀自の追憶——より=原文のまま=

【佐々木小太郎氏】西尾幸太郎牧師が見えた時、夫人は、私達はよくけんかをするのです、と言われました。すると牧師は「それが本当です」と言われました。

【岸辺ふさ姉】私は東方先生の時に、転会してきました。私の家の家庭集会にも、ご隠居さんは来て下さいました。紙に筍をまいて持ってきて「藪でとれたのです、おあがり下さい」と言われました。お心にかけて頂いたことを感謝しております。自動車にお乗りになってもよいお身分でありますのに、誠にご質素な生活でありました。教会で草ひきなども、黙々と一人しておられました。草履の鼻緒の切れたのなども直されました。この間、出ました御本の口絵に、ご隠居さんがお座りになっている写真を孫が見まして「おばあちゃんは、波多野のおばあちゃんによく似ている」と言ってくれましたが、形は似ましても精神は似ていません。

【高橋千代姉】亡くなられる直前まで、食事が済みましたら、お茶碗など洗い場まで持ってゆかれました。二、三年前まで、お宅の長い廊下を足袋の古いのを手にはいて雑巾がけをされました。雨戸を開けたりするのを仕事にされ、日の暮れ四時頃には戸を閉められました。これが自分の仕事だと思いつめられていたからだと思います。お宅の玄関もお客さん、二階にもお客さんで、忙しい時は女中さんも忙しい。そんな時には「私も何かさせてもらいますで」とお言いになりました。

【佐々木静子姉】亡くなった私の父は郡の蚕糸業組合長をしており、波多野さんと懇意にして頂いていました。父はとんびでも、袴でも、べべでも、きちんと畳みました。これは波多野さんに教えて頂いたものだと言っていました。おまえも、お嫁にゆかねばならぬから、よく覚えておくがよいと申しました。天の橋立で夏季大学が開かれた時、野村大使の講演を聴きに行きました。松陰楼という宿屋で、ご隠居さんと一緒にして頂きました。それが初めてお目にかかった時であります。こちらにお世話になるようになりました時、ご隠居さんは私に、「奥さん、よう来て下さいました。どんなことがありましても辛抱して、おっておくれんさいよ。私は、ようよう知っておりますから」と言って下さいました。「蕗」など持ってきて下さいまして炊事場や風呂場の方から入ってきて、「辛抱してくれ、辛抱してくれ」と言って下さいました。ご隠居さんを見倣うて辛抱したり、また辛抱してもらったりしています。

【佐々木小太郎氏】こまいところは大変こまかかったが、大切なところには、「ズボッコイ」ところがありました。

【田中しげの姉】私は神戸の神学校に学んでいましたが、半労半学で、もうやめにしなければならぬかと思ったことがありました。そのとき、ご隠居さんから学資の足しにするようにと、五円のお金を頂戴したことがあります。いつの日にか、お報いする日があるかと思っております。ご隠居さんは、人を分け隔てなく愛されました。日露戦争の頃、婦人会長をして、戦死者の遺族慰問をせられました。仏前に座っておられた後姿を、そのとき私は十二、三歳位でしたが、拝見いたしまして、何ともいえぬ立派さであると思いました。なぜ、あんなに尊く見えるか分かりませんでしたが、それは信仰の深さがお姿に現れていたのだということを、後になって悟りました。教会員が亡くなりますと、その人のために花の十字架を作るのは婦人会員の務めですが、出口栄三さんが亡くなられた時も作りに参りました。その時ご隠居さんは「あんたさんは、いつでもお手伝いをして下さる。私の時にも、どうぞ、あなたの手で十字架を作って下さいよ」と言って下さいました。私はそのことを心に持っておりましたのに、今回のご隠居さんのそれを作るのに手伝わして頂く機会を失ったのは誠に申しわけなく思っております。

【佐々木小太郎氏】話が弾んできましたので打ち切るのは誠に本意ないのですが、ご婦人には、お家で色々と御用事もあると思いますから、これで閉会とさせて頂きます。皆さん誠に有難うございました。

あとがき

あやべ市民新聞社の高崎社長から「あとがき」の原稿を頼まれました。「あとがき」は、筆者が書くことに意味があるものです。ですから、白紙のままでもいいのでは、とも思いましたが、私などは、「はじめに」と「あとがき」だけ読んで、それで終りということもあり、やっぱり何かあったほうがいい、そんな思いで引き受けました。

兄・洋は、「宥座の器」増補版発刊の際、世界遺産になった富岡製糸場に足を運び、グンゼの児玉社長さんにインタビューし、少しでも内容充実したものを心がけておりました。「あとがき」を残すだけとなっておりました。

その矢先に特発性肺ガンという病気で慌ただしく旅立ってしまいました。

三日前まで万年筆を手にしていたといいますから、人生、何が起るかわからないの感を深くいたします。

兄・洋は「趣味は人間」と言っていいくらい、人と会い、交わることが大好きな人間でした。

毎日新聞で「ひと」欄を担当していた時、文化放送の「おはよう、四方洋です」でいろんな人と対談していた時は、殊のほか生き生きしていたような気がします。最近は、ツーリズムのテーマとして「人観光」を提唱していました。

そして、兄・洋は、何より自分を育んでくれた綾部が大好きでした。一九五〇年代に「ふるさとに民主主義を」という学生運動がありました。今から思えば、おこがましい話ですが、まだまだ封建的な風土が残っている中で、民主主義を吹きこまねば、ということだったのでしょう。

兄は、宗教法人・大本さんにご協力いただいて青年夏期大学を毎年やり、「若人の会」をつくって地元の人とともに活動していました。のちに東京あやべ会の創設を働きかけ、自身、四代目の会長としてルーツを共にする皆さんとの語らいを楽しんでおりました。

それだけにふるさとに波多野鶴吉翁あり。郡是（グンゼ）が誕生、発展してきたことに大きな誇りをもっておりました。

大学の卒業論文にも「郡是」をとりあげるほどでございました。

地方創生は、与えられるものではない。グンゼのように地方の人が自ら立ちあがってつくるものだということをいつも熱っぽく語っておりました。昨年秋に全国各地の地域紙を訪ねて「新聞のある町」という本を発刊しましたし、新発足した「一般社団法人地域コミュニティ

協議会　理事」の名刺も大事に持ち歩いておりました。

ですから、今回の「宥座の器」増補版も地方に対する兄・洋の最後のエールだったのだと思います。

末筆になりましたが、あやべ市民新聞社、グンゼの児玉社長さんはじめたくさんの皆様のご協力で発刊できましたこと、兄も殊のほか喜んでいることでしょう。

ここにあらためて、兄・洋に生前賜わりましたご厚情に心より感謝申しあげます。

ありがとうございました。

四方八洲男

平成二十八年九月

増補版《ぞうほばん》 宥座《ゆうざ》の器《うつわ》 ——グンゼ創業者《そうぎょうしゃ》波多野《はたの》鶴吉《つるきち》の生涯《しょうがい》——

2016年10月1日　第1刷発行

著　者　四方　洋

発行所　株式会社あやべ市民新聞社
〒623-0046　京都府綾部市大島町沓田4-3
TEL　0773-42-1125㈹
FAX　0773-42-1049
URL　http://ayabe.city-news.jp/
メール　ayabe@city-news.jp

発売元　株式会社清水弘文堂書房

印　刷　モリモト印刷株式会社

ISBN978-4-87950-624-5　C0023
定価はカバーに記載してあります。落丁本・乱丁本はお取り換えいたします。